培训帅养成手册

从课程设计到培训交付

刘亚骄◎著

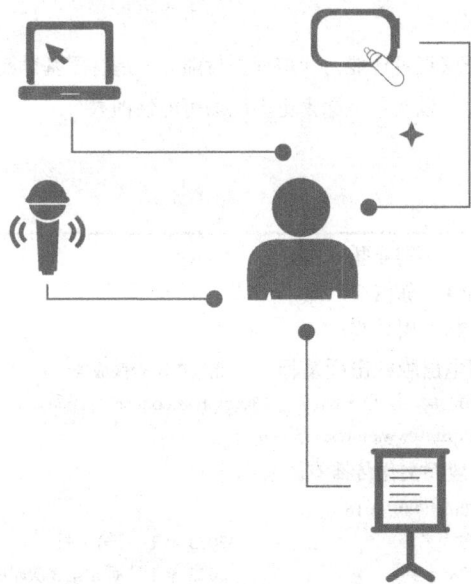

人民邮电出版社

北京

图书在版编目（C I P）数据

培训师养成手册 : 从课程设计到培训交付 / 刘亚骄
著. -- 北京 : 人民邮电出版社, 2023.11
ISBN 978-7-115-61515-2

Ⅰ. ①培… Ⅱ. ①刘… Ⅲ. ①企业管理－职工培训－
手册 Ⅳ. ①F272.921-62

中国国家版本馆CIP数据核字(2023)第062582号

内 容 提 要

<blockquote>

在知识付费时代，面向成人的职场培训市场广阔，前景乐观，对培训师这一角色的需求也与日俱增。本书将带领读者系统学习课程设计和提升培训技能。本书主要包括三部分内容："上篇"是课程设计五部曲，详细介绍了课程设计的五个步骤以及每个步骤需要完成的任务；"下篇"是培训交付四要素，详细介绍了影响培训交付的四个要素以及每个要素应该如何执行；"特别篇"介绍了线上培训，从线上培训的利与弊、与传统培训的区别、线上培训的前景以及值得关注的关键话题展开深入分析。

本书有四大特点：一是全面覆盖，包括从课程设计到培训交付的全部内容；二是流程导向，读者跟着书上的内容一步一步操练，就可以轻松完成课程设计和培训交付的任务；三是形式丰富，通过图片、视频、案例分析、课后作业等多种形式帮助读者学习；四是与时俱进，除了传统的线下培训以外，还介绍了线上培训。

本书可以帮助读者提升课程设计能力和培训交付能力，适合零基础而又希望学会课程设计的人，希望精进培训技能的培训师，以及希望探索更多职场可能性的人。
</blockquote>

◆ 著　　　　刘亚骄
　责任编辑　陈楷荷
　责任印制　周昇亮

◆ 人民邮电出版社出版发行　北京市丰台区成寿寺路 11 号
　邮编　100164　电子邮件　315@ptpress.com.cn
　网址　https://www.ptpress.com.cn
　涿州市般润文化传播有限公司印刷

◆ 开本：700×1000　1/16
　印张：16　　　　　　　2023 年 11 月第 1 版
　字数：228 千字　　　　2025 年 1 月河北第 3 次印刷

定价：79.80 元

读者服务热线：(010)81055296　印装质量热线：(010)81055316
反盗版热线：(010)81055315
广告经营许可证：京东市监广登字 20170147 号

为什么写这本书

相信很多读者听过通过"职业甜蜜点"来寻找理想职业的方法，即寻找处于自己的兴趣、优势和价值交汇点的工作作为职业。有的人很幸运，可以发现多个职业甜蜜点，比如"天才少女"谷爱凌，滑雪、时尚、音乐等都是她喜欢、擅长且能带来不错收益的事，"成为奥运冠军"这一运动员梦寐以求的职业终点只是年轻的她探寻人生众多可能性的起点。

然而，很多人可能就没这么幸运了，直至退休都在做自己不喜欢或不擅长的工作，抑或不能带来令自己满意的收益的工作。我很感恩在职业生涯初期就找到自己的职业甜蜜点——培训师。我喜欢赋能他人，从学员的收获和成长中感受到发自内心的喜悦；我擅长理性思考和表达，面对课程设计和培训交付时不会有太大压力；在众多学员面前的持续曝光促使我不断提升、迅速成长，这是在薪资收入之外难得的收益。

职场"爽剧"中的成功往往来得容易，然而在现实生活中，找到职业甜蜜点并不容易。"喜欢"并不代表不曾有过疲惫和倦怠，"擅长"并不代表可以轻易达到专业水平，有了"令自己满意的收益"并不代表不会受到更高收入的诱惑。

我虽然找到了"培训师"这一职业甜蜜点，但刚开始授课时，不知道如何设计培训课件，由于经验不足而持续紧张，由于准备不周而遭学员质疑，由于缺乏技巧而效率不高，由于持续输出而精力透支……培训师常会遇到的这些困难，我无一例外都经历过。

然而，因为这个职业是自己喜欢、擅长的，而且能带来令自己满意的收益，我更愿意投入时间和精力去想方法解决这些问题。于是，我开始阅读专业书籍，学习相关课程，并在自己的课程设计和培训交付中反复地实践、思考、试错、优化……经过多年努力，我终于成为一名受行业认可的专业培训师。这个过程十分艰难，会不会有很多朋友因为对这个职业喜欢得没那么强烈，没意识到自己的擅长之处，或者回报来得没那么及时，在看到曙光前就放弃了？"喜欢赋能他人"这一特质促使我不停思考：如何帮助那些也希望成为培训师的朋友在这条路上走得更容易些？

写这本书的契机源于一门线上课程。由于先前推出的其他培训课程受到学员好评，我于2021年年底应合作平台邀约，开始准备"培训师养成训练营"这门线上课程的录制。虽然我很早以前就设计并交付过TTT（Train the Trainer，培训培训师）主题的内训课程，但它主要针对已经在授课的培训师，有一定门槛。考虑到线上课程的受众更广，学员会有"速成"的期待，我决定对原来的课程进行全面升级，使其内容更全面、通用，更易于掌握，并在细节上尽善尽美。

我原本计划在课程设计时参考一些成熟的TTT主题的书籍，然而翻阅了很多书，虽然发现了一些亮点突出的书，但没有一本可以完全满足我对设计这样一门课程的期待。于是，我就根据培训师实际工作的流程确定了设计思路，并以此为主干，结合自己多年在培训交付中积累的素材和国内外的文献资料，完成了"培训师养成训练营"这门线上课程的设计。在完成课程录制后，由课程录音整理成的文字稿就成了本书的雏形。

与其他 TTT 主题的书籍相比，本书有何特点

市面上 TTT 主题的书籍很多，其中不乏高质量的作品。本书与其他书籍相比，主要有以下四个特点：

● **全面覆盖**

相信有经验的培训师都会认同这句话：培训师要承担的主要工作是课程设计和培训交付，这两项工作所需技能同等重要，缺一不可。然而，大多数 TTT 主题的书籍要么主要关注课程设计，要么主要关注培训交付，读者很难从一本书中同时获取这两方面的内容。本书则全面覆盖了从课程设计到培训交付的内容，能帮助读者节省挑选和拼接内容的精力。

● **流程导向**

很多 TTT 主题的书籍主体思路是技巧和经验分享，这可以帮助有经验的培训师进一步提升能力，但那些不熟悉培训流程的新手培训师则很难把握全局。而本书更像是一本流程导向的作业指导书或操作说明书，严格按照课程设计和培训交付这两项工作的操作流程展开，框架清晰，逻辑严密。通过阅读本书，读者首先可以清晰地了解培训工作应该如何展开，然后到每个环节去学习一些细节的技巧，只要跟着书中的内容一步一步操练，就可以轻松完成课程设计和培训交付的任务。

● **形式丰富**

对文学作品（小说、散文、诗歌等）来说，相较于图片、视频，文字因为给了读者更大的想象空间而更占优势。至于工具书，读者则更希望明确地知道该怎么做。我们把从书上获得的知识叫作理论知识，这是因为文字表述给人留下想象的空间，读者很难通过文字准确地理解自己在真实的场景中应该怎么做。本书尝试突破这一限制，通过图片、视频等丰富的形式帮助读者将理论知识融入实践中。

● **与时俱进**

随着近几年线上培训逐渐常态化，能够得心应手地交付线上培训课程就成了一名优秀培训师的必备能力。本书针对此现实需求，专门安排了线上培训技能的章节。

这本书适合哪些读者

本书将为以下人群提供帮助：

有课程设计需求的人；

有培训交付需求的人；

零基础而又希望成为培训师的人；

希望精进培训技能的培训师；

希望探索更多职场可能性、找到职业甜蜜点的人。

无论你是有课程设计或培训交付的需求，还是你已经成为培训师、即将成为培训师、希望成为培训师，抑或正在考虑要不要成为培训师，读过本书后都会知道如何进行课程设计和培训交付。

考虑到部分读者不一定会从事与培训相关的工作，本书在保证专业性的同时使用通俗易懂的语言，让读者不需要具备专业背景和经验就能理解书中提到的流程、方法、原则和技巧。本书希望以此为尽可能多的读者提供帮助和指导。

如何使用这本书

作为一本培训师养成手册，本书有两种使用方法。

第一种方法适合初次阅读本书的读者，即沿着课程设计和培训交付的操作流程，逐步学习如何完成一门培训课程的设计和交付。读者应结合书中的设计，一边读书，一边操练。读完"上篇"后，读者应完成实际工作中的课程设计；读完"下篇"后，应实现自己的第一次培训交付，真正达成书名中"养成"的效果。

第二种方法适合已读完一遍的读者，即当实际培训工作中在某个步骤遇到问题时，有针对性地翻看相应内容。在查看书中内容的同时，读者应结合自己的第一手经验进行思考，在实践中不断温习、强化，最终将书中的流程、步骤和技巧、经验都内化为自身的能力，使本书真正起到"手册"的作用。

有课程设计或培训交付需求的人，或者正在寻求入门的新手培训师，应该先用第一种方法，再用第二种方法。有一定经验的培训师则可以在泛读一遍后，直接使用第二种方法。

这本书的内容如何安排

培训工作一般包括课程设计和培训交付两大部分，其中课程设计包括确立目标、搭建大纲、完善内容、制作课件和持续改进五个步骤，而培训交付包括课前准备、培训开场、培训控场、结尾与跟进四个要素。本书将以这两部分内容为主体，按照图 0-1 所示的框架结构依次展开。

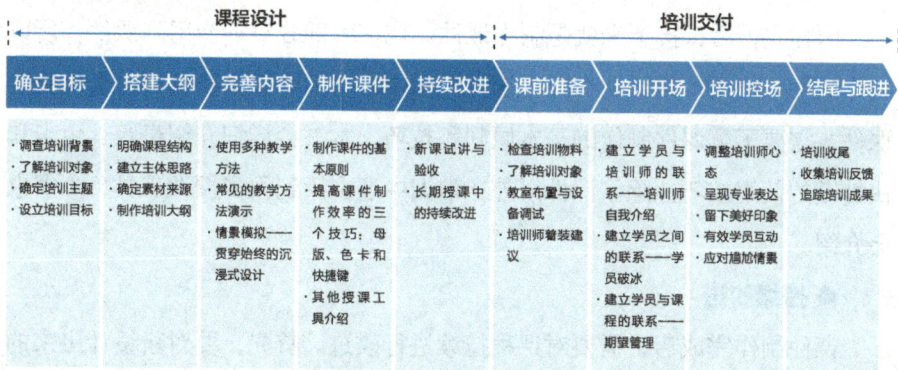

课程设计					培训交付			
确立目标	搭建大纲	完善内容	制作课件	持续改进	课前准备	培训开场	培训控场	结尾与跟进
·调查培训背景 ·了解培训对象 ·确定培训主题 ·设立培训目标	·明确课程结构 ·建立主体思路 ·确定素材来源 ·制作培训大纲	·使用多种教学方法 ·常见的教学方法演示 ·情景模拟——贯穿始终的沉浸式设计	·制作课件的基本原则 ·提高课件制作效率的三个技巧：母版、色卡和快捷键 ·其他授课工具介绍	·新课试讲与验收 ·长期授课中的持续改进	·检查培训物料 ·了解培训对象 ·教室布置与设备调试 ·培训师着装建议	·建立学员与培训师的联系——培训师自我介绍 ·建立学员之间的联系——学员破冰 ·建立学员与课程的联系——期望管理	·调整培训心态 ·呈现专业表达 ·留下美好印象 ·有效学员互动 ·应对棘手情景	·培训收尾 ·收集培训反馈 ·追踪培训成果

图 0-1　本书内容安排

课程设计五部曲如下：

● 确立目标

课程设计的第一步是确立目标。培训师首先要调查培训背景，然后要深入了解课程潜在的培训对象，即了解这门课程为谁设计，最后交付给谁，学员有什么特点和诉求等。当培训背景和培训对象都了解清楚后，培训师接下来要确定这门课程的主题，才能更好地设立具体的培训目标。

● 搭建大纲

目标确立后，就要明确课程结构。培训师需要确认这门课程是按照时间顺序还是要素的组成顺序展开的，是总分结构还是金字塔结构。课程结构明确后，就要建立主体思路，随后还要确认如何收集有用的素材以及素材是否充分等。接下来，培训师要开始制作具体的培训大纲。到这一步仅仅搭建好了大纲，还没有开始课程内容的制作。

● 完善内容

在"完善内容"这一步，培训师需要使用多种教学方法。本书会给大家介绍一些常见的教学方法，其中有一种非常重要的教学方法使用起来比较复杂，需要大家特别注意。这种教学方法就是情景模拟，它是一种贯穿培训始终的沉浸式设计，本书在后面的章节会详细介绍。

● 制作课件

内容完善后，接下来就是制作课件。现在大部分培训会用到课件，所以制作课件是绝大多数培训在课程设计过程中必备的步骤。要制作一套优秀的课件，需要了解课件制作的基本原则和技巧。本书会详细介绍母版、色卡和快捷键的使用技巧。除了课件以外，培训中还会用到很多授课工具，本书也会介绍。

● 持续改进

课件制作完成后，需要对课程持续进行改进。首先，要对新设计出来的课程进行试讲和验收。试讲和验收通过后，这门课程将被正式列入课程表，进行定期或不定期的讲授。另外，在长期的授课过程中，培训师也需要定期对课程内容和授课方式进行改进和优化。

培训交付四要素如下：

● **课前准备**

课前准备包括检查培训物料、了解培训对象、教室布置与设备调试，以及选择着装。培训师在确立目标的环节需要了解培训对象，在课前准备这个环节也需要了解培训对象，二者区别在于：在课程设计的确立目标环节，培训师并不清楚具体的培训对象是谁，只是确定了一个整体对象，因而是对这个整体对象的了解；而在培训交付的课前准备环节，培训师需要对参加某场培训的学员有所了解。每场培训的学员可能都不一样，即使他们都来自前面已经了解过的那个大群体，但有可能参加这场培训的学员缺乏经验，而参加下一场培训的学员则比较资深。

● **培训开场**

培训开场成功与否直接关系到整场培训的效果好坏，而成功开场的核心在于有效地建立"联系"。培训师开场时需要建立三种联系：第一种是学员与培训师之间的联系，这是通过培训师的自我介绍来建立的；第二种是学员之间的联系，这可以通过学员破冰来建立；第三种是学员与课程之间的联系，这需要通过期望管理来建立。

● **培训控场**

作为培训师要调整好心态，毕竟一对多地进行公开演讲难免会紧张。因此，调整心态是培训控场中一个非常重要的要素。此外，培训师在整个培训过程中要呈现专业表达。本书会非常系统地介绍如何给学员留下美好印象，如何与学员进行有效互动，如何理智应对和巧妙处理一些尴尬的情景。

● **结尾与跟进**

结尾与跟进包括培训收尾、收集培训反馈、追踪培训成果三部分内容。在这个环节，培训师既可以对整场培训进行总结，也可以根据反馈和追踪结果对接下来的培训做出相应的调整。

除此之外，本书针对线上培训需求增加了"特别篇"。"特别篇"将对线上培训的利与弊、线上培训与线下培训的区别、线上培训的前景以及值得关注的四个话题展开深入分析。

本书的内容安排如下：首先，通过"导言"，带大家了解有关培训和培训师的基本知识。然后介绍本书的主体部分，分为上、下两篇："上篇：课程设计五部曲"包括确立目标、搭建大纲、完善内容、制作课件和持续改进五章，而"下篇：培训交付四要素"包括课前准备、培训开场、培训控场、结尾与跟进四章。接下来，"特别篇：线上培训"介绍与线上培训相关的内容。最后，简要回顾本书的逻辑框架和重点内容，并提供我从个人角度给读者的建议。本书的内容将严格按照上述顺序展开，图 0-2 中的每一个蓝色图块分别对应一章内容。

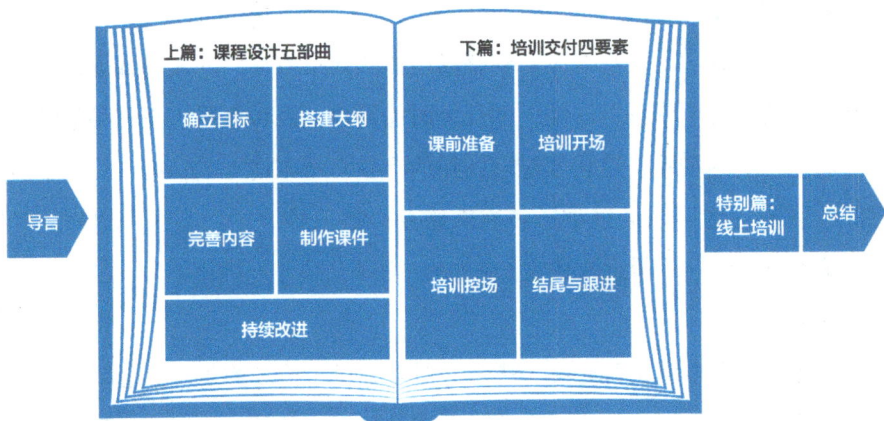

图 0-2 本书内容安排

目录

导言

上篇：课程设计五部曲

第 3 章

五部曲之二：搭建大纲

第 4 章

五部曲之三：完善内容

第 5 章

五部曲之四：制作课件

第 6 章
五部曲之五：持续改进

下篇：培训交付四要素

第 7 章
四要素之一：课前准备

第 8 章

四要素之二：培训开场

第 9 章

四要素之三：培训控场

第 10 章

四要素之四：结尾与跟进

特别篇：线上培训

总结

导言

第 1 章

关于培训，
你需要知道的事情

我们将进入本书第 1 章，主要介绍职场培训、培训师的角色、培训师的类型和培训师的困扰四部分内容。本书介绍的培训指的是图 1-1 右图所示面向成人的职场培训。

什么是职场培训

首先要澄清一个概念——职场培训。前面提到的"培训"和"培训师"的概念都与职场培训有关，本书书名中的"培训师"也是针对职场培训而言的。

那么，什么是职场培训？职场培训有何特点？在回答这两个问题之前，我们先来做一个对比（见图 1-1）。

情景一： 面向学生的学历教育　　　　**情景二：** 面向成人的职场培训

VS

图 1-1　学历教育与职场培训的区别

从图1-1所示的情景一可以看到，这是面向学生的学历教育，一名老师正在给教室里的学生传授知识，学生的年龄看起来比较小；情景二是面向成人的职场培训，其形式相对左边而言更多样，师生在年龄上也没有那么清晰的划分。

二者有何区别呢？

学历教育的受众年龄跨度很大，从幼儿到研究生都有。通常学历教育的授课形式是老师在讲台上讲，学生在座位上听。而在职场培训中，培训师和学员区别不大，都是职场中的成年人。此外，职场培训可以是一对一、一对多、多对一、多对多，场地也不局限于教室，可以采用讲授、演示、模拟游戏、操作等多种多样的形式。

从表1-1可以初步了解到，职场培训与学历教育相比，受众和形式等都不同。针对二者的区别，下面将从受众、年龄层、目的、内容、形式、时长、效果七个维度展开更系统的对比。

表1-1　学历教育与职场培训对比

	学历教育	职场培训
受众	职业预备者	职场人士
年龄层	一般不超过25岁	22～60岁
目的	提高基本素质	解决职场问题
内容	理论知识	理论知识、实操技能、应用方法
形式	讲授	讲、演、练一体
时长	一般为一学期	一般为1～5天
效果	知识积累	技能提升

● **学历教育**

学历教育的受众大多是职业预备者，说得更直白一点，就是还没参加工作的学生。这种受众普遍比较年轻：以硕士毕业为例，年龄通常在25岁以下；以本科毕业为例，年龄通常在 22 岁以下。学历教育的目的是提高学生的基本素质，或者提升某个领域的专业知识水平。学历教育的内容大多是与专业相关的理论知识。当然，在不同年龄段和不同受教育阶段，学历教育的内容相差很大，但大体上是以理论知识为主。

学历教育的形式以讲授为主，在大学阶段及之后的学习中会有一些社会实践或其他教育形式，但仍然是以讲授理论知识为主。学历教育的时长一般以一学期为单位，有的课程也会连上好几个学期，比如大部分大学的高数课会上两个学期。学历教育收到的效果往往是学生完成知识的积累。

● 职场培训

从受众来看，职场培训的受众不再是学生，而是已经参加工作的职场人士。

从年龄层来看，职场培训的受众年龄跨度比较大，为 22～60 岁。

从目的来看，职场培训不再以提高学员的基本素质为主，而是站在雇主的角度，希望学员能够解决职场问题；学员自身也会抱着想要解决实际问题的目的去参加培训。

从内容来看，为了服务于培训目的，职场培训的内容除了理论知识以外，还会有实操技能和应用方法。

从形式来看，职场培训不再只是讲授，而是讲、演、练一体。

从时长来看，因为受众是职场人士，所以培训时间不可能像学历教育那样长。比较常见的培训时长为 1～5 天。当然，也有个别课程的时间跨度比较大，比如 PMP（项目管理专业人士资格认证）课程时长为 7～10 天，精益六西格玛黑带认证课程为 10～15 天。而大部分职场培训的时长控制在 5 天内，主要考虑到学员是全职员工，其时间成本比较高。

从效果来看，学员参加职场培训主要是为了提升技能，这与职场培训的目的相呼应。

基于这些客观差异，职场培训有哪些特点呢？

一是具有更强的目的性：职场培训不是为了全面提高学员某种或某个方面的基本素质，而是针对某个非常具体的职场问题，目的性更强。

二是学员知识遗忘快：职场人士年龄相对较大，也比较容易受其他事情的影响而注意力分散，导致知识遗忘速度更快。

三是学员相对缺乏耐心：受年龄和工作的影响，职场人士学习时更缺乏耐心。

四是培训时间相对较短：与其他培训相比，职场培训的时间较短。

五是更青睐实践：从目的来看，不管是雇主还是参加培训的员工，都想解决具体的实际问题，所以在培训过程中通常会轻视理论，更青睐实践。

六是学员易受过去经验的影响：受年龄和工作经验的影响，部分职场人士不像学生那么容易接受新知识，更容易受过去经验的影响。

七是对培训师的控场能力要求高：受学员年龄和工作经验的影响，职场培训对培训师的控场能力要求更高。

做培训只要会讲课就行吗

了解职场培训的特点后，我们自然会思考一个问题：在职场培训中，培训师要扮演哪些角色？对此，有专业人士做了一个非常形象的总结：培训师需要扮演"编""导""演"三个主要角色（见图1-2）。

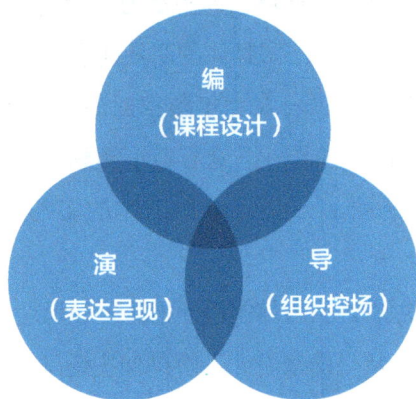

图 1-2 培训师扮演的三个主要角色

● **第一个角色——编，即编剧**

毋庸置疑，培训师需要负责课程设计。大部分培训师的课件都需要自己设计，即使已有现成的课件，在授课前也需要做一些有针对性的优化和调整。因此，培训师扮演的第一个角色——编剧是指培训师要承担课程设计的任务。

● **第二个角色——演，即演员**

培训师需要有效地把课程设计的内容表达呈现给学员，通过口头表达、面部表情、肢体语言等来实现。这是培训师作为演员要掌握的技能。

● **第三个角色——导，即导演**

在培训过程中，针对小组练习、角色扮演、模拟游戏等互动环节，培训师要像导演一样承担组织控场的责任。

总而言之，在一场培训中，培训师需要同时扮演编剧（设计者）、演员（表达者）和导演（组织者）三个角色。也就是说，优秀的培训师需要兼具课程设计、表达呈现和组织控场三方面能力。

这是一个很高的要求，很多人可能擅长某一个方面，比如是一个非常外向且善于表达的人，比较适合扮演"演员"这个角色，具备表达呈现方面的能力。但是，这样的人可能不太注重逻辑，或者不太注重细节，那么扮演编剧的角色就比较困难了。培训师想扮演好这三个角色，需要改善自己没那么擅长的方面，这是一个非常有挑战性的要求。

我很认可专业人士的这个总结，但我认为在一场培训中，培训师要扮演的角色还有很多（见图1-3）：选角副导演（需要提前了解学员），道具老师（要准备合适的教具，比如白板纸、马克笔、模拟游戏道具等），妆发老师（培训师的着装要符合要求，确保自己的整体形象是得体的，比如穿牛仔裤、露趾凉鞋就不得体），场记（要考虑学员听课的环境，比如要确保教室有足够的水、茶食等。即使这些东西不需要培训师亲自准备，也需要提醒负责人做好准备，否则可能会影响学员的听课效果）。

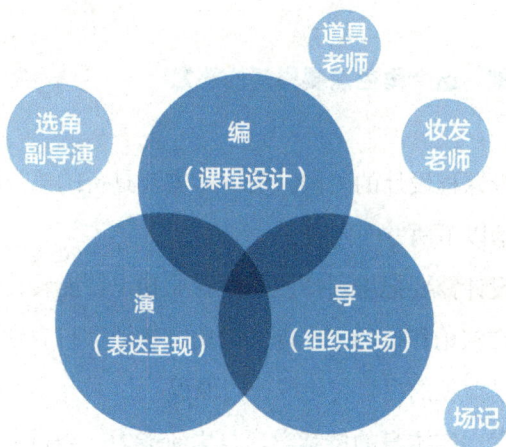

图 1-3　培训师扮演的角色补充

且不说我补充的这些角色，仅就胜任三个主要角色而言，培训师就需要具备很多种能力。

我对扮演这三个主要角色要具备的能力做了一个总结，即培训师需要具备的十大能力（见图1-4）。

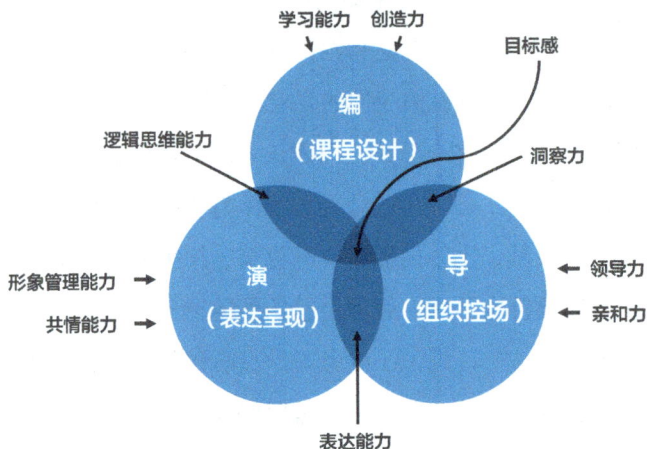

图 1-4　培训师需要具备的十大能力

● 扮演"编剧"这个角色需要具备的能力

·学习能力

作为编剧进行课程设计的时候，培训师需要具备的第一种能力是学习能力。学习能力包括以下两方面内容：

第一，课程设计需要把培训师擅长的专业知识技能转化成一门系统的课程，需要专业的方法论和技巧来支撑。因此，培训师只有学习这些方法论和技巧，才能把自己擅长的内容转化成一门课程。

第二，对课程内容本身的持续学习与更新能力。当行业内某一知识点有了新的变化，培训师要做到课程内容也同步更新；当行业内发生了一些新的事件时，培训师也要将新的案例加入课程内容中。

·创造力

作为编剧进行课程设计的时候，培训师需要具备的第二种能力是创造力，或者说创新能力。培训师要思考如何设计课程才能更好地实现教学效果，包括如何选择最合适的案例，在培训过程中如何安排互动环节，需要提供什么样的故事背景等，而这些都是需要发挥创造力的地方。

● 扮演"演员"这个角色需要具备的能力

·形象管理能力

在表达呈现的过程中，培训师需要具备形象管理能力。培训师在着装上应符合一定要求，做表情和动作时，仪态和举止也要得体。

·共情能力

作为演员，培训师在表达呈现培训内容时，需要根据学员的情况随时调整表达方式和内容。这个时候就需要培训师有较强的共情能力，才能及时敏感地捕捉到课堂上的细微变化。

● 扮演"导演"这个角色需要具备的能力

在组织控场的时候，培训师需要兼具领导力和亲和力。作为导演，培训师需要组织和安排培训中的互动环节，比如小组练习、角色扮演、模拟游戏等。

由于职场培训的学员年龄跨度较大，一些学员可能与培训师同龄，或者比培训师年长，所以培训师并不具备年龄上的权威感。培训师只有具备领导力，才能在学员面前树立一定权威。同时，培训师还要具备亲和力，才能使学员在被支配时不会产生抵触情绪。

以上六种能力，是培训师扮演编剧、演员和导演三个主要角色时须具备的。除此之外，胜任这三个角色还需要培训师具备以下能力：

● 作为编剧和演员都需要具备逻辑思维能力

在作为编剧进行课程设计的过程中，培训师须具备强有力的逻辑思维，才能让整个课程的思路框架清晰、逻辑严密。在作为演员进行表达呈现时，培训师的口头表达也要具有严密的逻辑性，才能让学员易于理解和接受。

● 作为演员和导演都需要具备表达能力

培训师在作为演员进行表达呈现时，要想讲清楚一个概念，掌握课件中的知识是基础，而能否把概念讲清楚则与表达能力密切相关。作为导演组织控场时，比如要给学员介绍某个模拟游戏的规则时，培训师要用最短的时间把规则讲清楚，这也需要具备表达能力。

● 作为编剧和导演都需要具备洞察力

首先，在作为编剧进行课程设计的过程中，培训师要能洞察当前行业对该专业领域的要求是什么，以及学员需要学习的最重要的知识点是什么。参加职场培训的学员时间有限，都是抱着解决具体问题或优先级最高的问题的目的来的。因此，想把一个系统而庞大的知识体系浓缩成一门一两天就能讲完的课程，培训师需要在设计课程时有极强的洞察力，才能高效决定选择呈现什么内容和优先呈现哪些内容。

其次，作为导演，培训师控场时还要实时洞察学员当下的状态，明确学员最需要练习哪种能力以及学员对这种练习是否感兴趣，然后根据学员的状态来安排互动练习，并做出一些有针对性的调整。洞察力是培训师作为编剧和导演时均需具备的能力。

● 胜任这三个角色都需要极强的目标感

职场培训与学历教育相比有一个很明显的特点，那就是学员的目标感很强。学员来参加培训就是想学会某种技能，解决职场中的具体问题。为了帮助学员实现这个目标，培训师也需要具备非常强的目标感，不管是在课程设计、表达呈现还是组织控场的过程中，都要如此。

例如，在课程设计的过程中，培训师需要准备最富实用性的案例，设计与学员实际工作联系最紧密的模拟游戏；在表达呈现或组织控场的过程中，如果发生了一点小意外，培训师需要立刻想出一个方案来处理这个问题，从而不影响培训目标的实现。

看到这里，各位读者会不会倍感压力甚至想放弃呢？做培训也太难了吧！的确，培训并不是一项简单的工作，甚至可以说是一项极具挑战性的工作。但是，各位也不用担心，刚刚提到的那些角色究竟要做什么，有什么技巧，要注意什么，要避免什么，在本书接下来的内容中会一一呈现。

认清自己的位置

上文提到培训师这个职业的要求很高，但并不是每个培训师都能满足所有要求。下文从"专业水平"和"培训能力"这两个维度，把培训师的类型做了一个粗略划分。

专业水平是指培训师对课程内容本身的专业程度，即抛开培训师的身份，在课程内容涉及的专业领域的水平。培训能力则是指作为一名培训师的课程设计和培训交付能力，即在对培训内容具备同等专业水平的情况下，把内容转化成课程，再传递给学员的能力。按照这两个维度，不同状态的培训师可以分为四类，如图 1-5 所示。

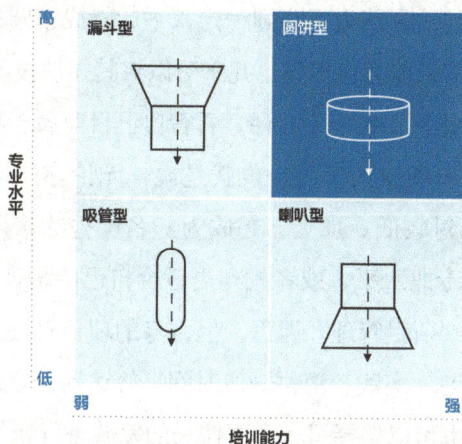

图 1-5　培训师的类型

● 第一类：吸管型

这类培训师的专业水平和培训能力都比较低。从图 1-5 可见，"吸管"中间自上而下的箭头代表了知识技能的转化方向，"吸管"意味着培训师本身可转化的原材料就不多，学员可吸收的就更少了。

● 第二类：喇叭型

这类培训师的专业水平不高，但他们具备比较强的培训能力。也就是说，他们本身可转化的原材料不多，但他们能通过出色的培训技巧和引导技巧让学员吸收更多的内容。这类培训师常见于引导式工作坊，他们通过引导来激发学员思考、创造、体悟等，进而让学员学到比其输入的更多的内容。

● 第三类：漏斗型

这类培训师在新手内训师中最常见。他们的专业水平非常高，至少在本企业里是比较高的，但他们不具备专业的培训能力。也就是说，这些某个领域的专家很难将自己的知识技能传授给他人，这对企业来说是一种资源浪费。

● 第四类：圆饼型

漏斗型培训师的培训能力提高到一定水平后就成了圆饼型培训师。他们的专业水平很高，培训能力也很强，几乎可以将其知识技能全部传授于人。

大家可以参照图 1-5 做一下自评，看看自己目前属于哪一种类型。

如果你属于第一类或第二类，也就是说，无论你的培训能力如何，目前你的专业水平相对较低。那么，想成为一名优秀的培训师，你的首要任务就是提升自己的专业水平，或者找到更适合自己的培训领域。

例如，你想讲"项目管理"课程，但自身的项目管理水平并不高，就需要在这个领域再学习、实践、深耕一段时间，等达到一定的专业水平后再考虑成为培训师。你也可以选择另一个更擅长的领域进行新的尝试。

这里需要澄清一下，所谓"专业水平高"并不是指非要达到业内数一数二的水平，而是与某门培训课程的潜在学员相比，你在这个领域要具有明显的专业优势。

如果你属于第三类，也就是漏斗型培训师，那么本书正好适合你。因为本书的写作目的就是帮助培训师或即将成为培训师的职场人士实现从漏斗型培训师到圆饼型培训师的跃迁。

如果你属于第四类，那么恭喜你，你已经是一位比较成熟的培训师了！不过，你在培训工作中多多少少会遇到一些困扰，本书将带你直面这些困扰，查漏补缺，精益求精，帮助你为学员提供更精彩的课程。

做培训会遇到哪些困扰

我在本书的成稿过程中采访了很多培训师，其中包括业内知名的成熟培训师，也有刚刚入门的新手培训师。他们给我反馈了培训工作中遇到的很多困扰，下面罗列一些出现频率最高的供大家参考：

知识积累深厚，但不知如何设计课程和编制教材；

课件太多，需要花大量时间进行美化；

培训前手忙脚乱，总觉得落下什么；

培训一开始就出现各种问题；

一上台就紧张，不能很好地展现自我；

不懂台上最基本的礼仪和规范；

内容理论性太强，学员难以理解；

不知道如何调动学员参与的积极性；

无法完全掌控课程节奏；

培训结束后，无法获得可见的收益；

不同的培训场次仅仅是在机械地重复，毫无改进。

以上困扰是培训过程中很常见的，如果你做过培训，会有共鸣。针对这些常见的困扰，本书的主体部分——"课程设计五部曲"和"培训交付四要素"给出了解决方案。在系统化的内容安排中，本书每一部分都会采用理论与实践相结合的形式，生动地给大家介绍一门培训课程从需求提出到成功交付的整个过程中，培训师应该做什么以及怎么做。

上
篇

课程设计五部曲

第 2 章

五部曲之一：

确立目标

我们将进入本书第 2 章，即课程设计五部曲的第一个步骤——确立目标。本章将介绍调查培训背景、了解培训对象、确定培训主题和设立培训目标四部分内容。

为什么培训：调查培训背景

1. 背景信息内容

很多时候培训未能达到预期效果，可能是课程设计的方向出了问题，原因往往是在课程设计之前没有弄清楚培训需求。因此，将"确立培训目标"作为课程设计的第一步就显得格外重要。想确立有效的培训目标，第一件事就是要调查培训背景。

那么，需要明确的培训背景信息包括哪些呢？答案就是以下六个"W"：

● **第一个"W"——Who，指"谁提出的培训需求"**

要完整分析这个问题，就要弄清楚下面三个子问题：

第一，哪个部门提出的培训需求？

只有弄清楚是哪个部门提出的培训需求，才知道接下来的课程设计和培训交付工作要和谁对接，要向谁汇报，要对谁负责。

第二，这个需求和需求提出者有什么关系？

例如，明确这个培训需求是人事部门提出的，就要弄清楚该需求和人事部门有什么关系，是直接与该部门年度KPI（Key Performance Indicator，关键绩效指标）挂钩，是上级领导临时下达的命令，还是为了满足部门员工的个人发展需求。

第三，需求提出者与潜在培训对象之间是什么关系？

例如，某培训需求是针对客服部门员工的，但需求提出者是人事部门，那么需求提出者与潜在培训对象之间就不是直接领导关系，而是间接支持关系。但是，如果同样的培训需求是由客服部门领导提出的，则需求提出者与潜在培训对象之间就是直接领导关系。关系不同，则衡量培训效果的出发点就会不同，需求提出者能提供的支持力度也不同，潜在培训对象的配合度也可能不同，这些差异对培训师后续工作的影响不容小觑。

● 第二个"W"——What，指"要解决的问题是什么"

要完整分析这个问题，需要先回答以下三个子问题：

第一，需求提出者想通过培训解决的问题聚焦在哪里？

这是最基本的"是什么"的问题。明白要解决的问题是什么，才知道接下来工作的焦点在哪里。

第二，要解决的问题范围是什么？

举个例子，培训师接到的初步需求描述是"提高客服部门的工作效率"，接下来要做的工作就是界定这个问题的边界，也就是要弄清楚以下问题的答案：

目前客服部门的工作有哪些？

现在是需要通过培训提高某项具体工作的效率，还是所有工作的效率？

如果是要提高所有工作的效率，能否将其拆分到不同的领域呢？

……

比如，最后通过这些问题确定需要通过培训解决的具体问题是"缩短客服部门在接听客户投诉电话这个工作领域的反应时间"，就得到非常具体的问题范围，接下来的培训课程设计就能更有针对性。

第三，要解决的问题程度是什么？

仍以"提高客服部门的工作效率"为例，现在问题已经聚焦在"缩短接听客户投诉电话的反应时间"上。已知目前接听客户投诉电话的平均反应时间是 10 分钟，需求提出者要求通过培训将其缩短为 9 分钟还是 2 分钟？要达到不同程度的问题解决效果，相应的课程内容、课程时长、课程深度等都会不同，因此必须弄清这个问题。

● **第三个"W"——Why，指"为什么要解决这个问题"**

要回答这个问题，同样需要先弄清楚相关的三个子问题：

第一，解决这个问题是必要的吗？

接收到一个培训需求时，先要确定其涉及的问题是当前必须解决的，还是解决它只是一件锦上添花的事情。

第二， 解决这个问题的时间紧迫性如何？

如果上一个问题的答案是前者，那么接下来就要回答这个问题。即使已经确认问题是必须解决的，培训师仍要弄清楚是要在今年内解决，还是要在这个季度内立刻解决，抑或这个问题重要但不紧急，并没有明确的时间限制，什么时候解决都可以。

第三，不尽快解决这个问题会有什么后果？

如果前两个问题不太好直接找到答案，那么可以通过这个问题去寻找答案。弄清楚不尽快解决这个问题的后果，有助于回答前两个问题。

弄清楚这三个"W"之后，接下来看后面的三个"W"，它们都指"Whether"。

● **第一个"Whether"指"是否可以衡量问题已解决"**

要回答这个问题，就要先弄清楚相关的三个子问题：

第一，问题本身是否可量化？

回到"提高客服部门的工作效率"这个例子，培训师已经把具体的需求聚焦在"缩短接听客户投诉电话的反应时间"上，其中的反应时间可以衡量，因此这个问题本身是可量化的。

第二，问题解决与否是否可量化？

如果通过培训把当前客服人员接听客户投诉电话的反应时间的平均值从 10 分钟缩短为 9 分钟或 2 分钟，那么是否实现了预先设立的目标就显而易见。因此，问题解决与否也是可量化的。

第三，如果可量化，那么由谁来衡量问题解决与否？

客服部门每个电话的接听时间都有系统追踪，可以从系统里清楚地看到客观的数据。因此，通过系统里的数据就可以衡量这个问题是否解决了。

然而，并不是所有问题都像这个问题一样可量化，由谁来衡量也不是很清楚。有时问题本身就不容易量化，或者说直接的衡量标准并不那么清楚，比如企业文化。但并不是说企业文化这种问题就不能通过培训来解决，我们也能看到很多与企业文化相关的课程。重点是在培训一开始，培训师在调查培训背景这个阶段就要想办法为这种本来没有那么好量化的问题确定衡量标准。

● **第二个"Whether"指"是否应该通过培训解决这个问题"**

要回答这个问题，仍然需要先弄清楚相关的三个子问题：

第一，通过培训解决这个问题是否现实？

回到"提高客服部门的工作效率"这个例子，如果把需求聚焦在"缩短接听客户投诉电话的反应时间"上，那就是一个非常具体的问题，通过培训是可以解决的，比如通过标准化规范和沟通技巧的培训就可以解决。

第二，培训是不是解决这个问题的唯一方法？

有时，在培训的同时还应采取其他方法来解决问题。比如，经过初步分析判断，上述问题是由相关工作人员学历低导致的，那么用人单位在提供培训的同时，在今后的招聘工作中提高学历要求就是必要的措施。

第三，是否有比培训更好的解决途径？

有时培训并不是最好的解决途径。比如，经过初步分析判断，上述问题是由客户投诉电话的接听没有合理分类导致的，客服人员每次接听电话都需要花时间了解客户投诉的类别，那么更好的解决途径是优化客户电话投诉的流程本身，而非培训客服人员。

● **第三个"Whether"指"是否有足够的资源支持"**

要回答这个问题，就要先弄清楚三个相关的子问题：

第一，办这个培训能获得哪些资源？

第二，这些资源由谁提供，是你的领导、需求部门还是潜在学员？

第三，这些资源能否支撑课程设计的完成？

这些都是前期在调查培训背景时要弄清楚的。

这六个"W"的侧重点是不一样的："Who"针对的是客户是谁，后面在课程设计和培训交付的时候，培训师要和谁对接；"What"主要针对课程设计和培训交付的具体内容；"Why"则明确了问题的优先级，如果是必要且紧急的，那就是一个优先级比较高的问题；三个"Whether"针对的是培训工作本身的可行性，或者说培训主题的可行性，以及培训工作能否顺利开展。

只有把以上问题都弄清楚了，培训师才能顺利完成后面的工作。

2. 背景信息来源

如何才能准确地回答上述问题呢？这就需要培训师获取足够多的培训背景信息。培训背景信息的主要来源分为两类：组织内信息来源和组织外信息来源。对企业内训师来说，组织内信息来源主要如下：

·自己的直接领导

在多数情况下，直接领导就是给培训师布置课程设计任务的人。培训师从直接领导那里可以了解到培训需求提出者是谁，以及直接领导在课程设计和讲授过程中能提供哪些支持等。当然，有时直接领导就是培训需求提出者。

·培训需求提出者

培训需求提出者，也就是主动提出需要培训的人。培训需求提出者可能是人事部门，也有可能是某个业务部门或者某位高层领导等。前面提到的问题，一半以上都可以从培训需求提出者那里找到答案。比如，要解决的问题是什么，为什么要解决这个问题，是否有足够的资源支持，等等。

· 培训对象

培训师从培训需求提出者那里可以了解到潜在的培训对象是谁，从培训对象那里则可以了解到他们的自我评价、工作中遇到的困难、解决困难的障碍、对改善的期待等，从而验证培训需求提出者描述的需求是否符合实际、是否必要。

· 培训对象的领导

培训师从培训对象那里了解到的自我评价可能比较主观，而从其领导那里了解到的信息相对客观些，包括培训对象的群体特点、当前的工作状态、当前表现的差距、对培训的态度及其领导对改善的期待等，还可以验证从培训对象那里获取的信息是否准确。

除了从组织内了解信息以外，培训师还可以从外部获取信息。客观的外部信息有助于培训师判断是否可以衡量问题已解决，以及是否应该通过培训解决这个问题。

组织外信息来源主要如下：

· 行业内的最佳实践

还以"缩短接听客户投诉电话的反应时间"这一培训需求为例，了解行业内的最佳实践，培训师可以知道在这方面做得最好的公司的客服人员接听客户投诉电话的反应时间是多少，从而明确培训对象的提升空间。

此外，通过对行业内最佳实践和培训对象现状的深入比较，培训师还可以了解到造成差距的原因，进一步确认培训是不是缩小差距的最佳途径。

· 其他行业的经验

其他行业的经验也可供参考。例如，针对"提升客户满意度"的培训需求，传统制造业可以参考酒店、餐饮等服务业的客户满意度评分表，在拜访大客户时收集可量化的反馈信息。

给谁培训：了解培训对象

1. 培训对象信息类别

在了解完培训背景并确定培训的必要性后，接下来的重点就要聚焦在培训对象身上，因为充分了解培训对象是确立培训目标的基础。

前面提到可以从培训对象那里获取信息，这也是培训师了解培训对象的一种途径。然而，由于培训师需要了解培训对象很多方面的信息，就不能局限于这一途径。那么，培训师在进行课程设计之前一般需要了解培训对象哪些信息呢？图 2-1 为培训对象信息类别。

图 2-1　培训对象信息类别

图 2-1 展示了潜在培训对象信息类别。我特意找了这样一张图就是想告诉大家，培训对象是多种多样的，他们是一群人，但每个个体又有自己的特点。这里讲的"了解培训对象"是对群体的了解，但在具体的培训交付中，不要忘了每位学员有各自的特点。

本章要介绍的是在课程设计之前对潜在培训对象群体的了解。对培训对象这个群体，培训师需要了解以下基本信息：

● **培训对象是谁及其群体特点**

他们是谁：他们的名字、群体名称等。

年龄层：是 21～30 岁、31～40 岁还是 41～50 岁。

职位层级：是专员、工程师、经理、总监还是高层领导。

工作年限：毕业 3 年以内、3～5 年、6～10 年还是 10 年以上。

教育背景：是高中、专科、本科还是硕士及以上。

这些简单直观的客观信息看似无关紧要，但培训师一定要有这样的敏感性——这些信息会对培训效果产生显著影响，所以在课程设计之前就要考虑进去。

以工作年限为例，刚毕业的新员工对理论知识的接受度比较高，工作年限比较长的员工则更喜欢实用性强的培训内容。了解培训对象的工作年限有助于培训师更好地分配课程中"是什么"和"怎么做"内容的比重。

以年龄层为例，相较年长的培训对象而言，年轻的培训对象通常对培训中新颖的互动游戏更感兴趣。

以职位层级为例，职位层级高的培训对象往往更关注行业动态，想了解更多组织外的案例。

以教育背景为例，一般来说，受教育程度越高的人对抽象概念的接受程度越高，而受教育程度较低的人则更适应通俗直白的表述，多列举一些形象的例子可以帮助他们更好地理解新概念。

以上客观信息获取起来比较容易，一般可以从公司的人事系统直接获取。当然，培训师要先确定培训对象是谁，并得到人事部门的支持。

● **其他人对培训对象的评价和期待**

这方面涉及的信息包括培训对象当前工作状态、当前表现的差距和需要达到的水平。了解培训对象当前的状态与被期待达到的状态，设立培训目标就相对容易了。简单来说，就是要把培训对象从当前的状态提升到被期待达到的状态。这些信息可以从培训需求提出者和培训对象的领导那里了解到。当然，对信息的真实性要进行验证。

● **培训对象的感受**

这方面涉及的信息包括工作中的真实痛点、解决痛点的障碍和对改善的期待。有可能培训对象目前工作表现不佳是因为受到某种客观条件的制约，而这种问题不是通过培训就可以解决的，比如人岗不匹配、管理者没有提供应有的帮助、没有足够的权限、工作量超负荷等。这些信息可以直接向培训对象了解，并将其与前面从培训需求提出者和培训对象的领导处收集到的信息进行验证。

2. 培训对象信息来源

那么，如何获取上述信息呢？对那些可以直接从公司人事系统获取的客观信息，只需得到人事部门的支持即可。其他两类信息，也就是要从培训对象以及培训需求提出者和培训对象的领导处了解的信息，可以通过哪些途径获取呢？本书介绍以下三种常用的途径：

● **问卷调查**

问卷又称调查表，是社会调查研究中收集资料的一种工具，其形式是将事先设计好的一系列问题制作成表格，以收集人们对某个特定问题的态度、行为倾向、价值观、信念等。问卷调查又称问卷法，是调查者运用统一设计的问卷向被调查者了解情况、征询意见或收集信息的调查方法。现在更常用的是线上电子问卷（见图 2-2），比如通过问卷星这样的小程序来制作问卷，分发方便，还可以自动收集和统计调查结果。

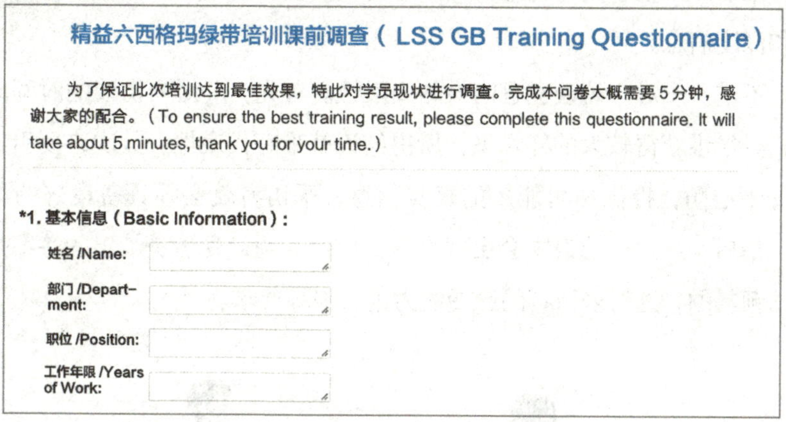
精益六西格玛绿带培训课前调查（LSS GB Training Questionnaire）

为了保证此次培训达到最佳效果，特此对学员现状进行调查。完成本问卷大概需要 5 分钟，感谢大家的配合。（To ensure the best training result, please complete this questionnaire. It will take about 5 minutes, thank you for your time.）

*1. 基本信息（Basic Information）：

姓名 /Name:

部门 /Department:

职位 /Position:

工作年限 /Years of Work:

图 2–2 线上电子问卷

问卷调查的优势是方便准备且易于执行，培训师可以用较低的成本把调查范围覆盖到一个很大的样本群体，用同样的成本获得最大的样本量。此外，问卷是提前设计好的，被调查者填的内容也是遵循提前设计好的结构，获得的调查结果一般是非常结构化的，便于整理和分析。

不过，问卷调查的局限性也很明显。由于无法追踪被调查者填问卷的过程，所获取信息的真实性难以保证。此外，由于问卷收集的信息需要被调查者自己输入，而人们往往懒于输入太多内容，所获取信息的深度也难以保证。

基于以上特点，设计问卷时通常会以封闭式问题（选择题）为主，以减少被调查者的信息输入量。例如，与其问“你对 ××× 质量工具有什么想法”，不如把问题改成“以下哪个选项最恰当地描述了你对 ××× 质量工具的看法”，然后给出几个选项——“A. 我了解该工具并经常使用，它对我的帮助很大”“B. 我了解该工具并经常使用，但它没有明显帮助”“C. 我了解该工具，但不常使用”和“D. 我不了解该工具”。

● 一对一访谈

如图 2–3 所示，一对一访谈就是与重点受访者单独约时间，对其进行一对一采访。相较于问卷调查，一对一访谈的优势更明显，更容易获得真实信息和深度信息。

不过，一对一访谈也有明显的局限性。首先，一对一访谈的时间成本很高，且很难获得较大的样本量，所得结论就难有代表性。其次，要引导受访者卸下心防，提供尽可能多的真实信息，采访者就必须具备良好的沟通技巧。最后，一对一访谈中会出现大量开放性问题，受访者给出的答案是事先无法预料的，这对采访者的应变能力也有很高要求。

图 2-3　一对一访谈

● **焦点小组**

焦点小组（Focus Group），又称小组访谈，是社会科学研究中常用的定性研究方法。它从研究所确定的全部观察对象（总体）中抽取一定数量的观察对象作为样本，然后根据样本信息来推断总体特征。如图 2-4 所示，它一般由一个受过研究训练的调查者主持，采用半结构式访谈（预先设定部分访谈问题），与一组被调查者交谈，倾听被调查者对研究问题的看法。调查者通常可以从被调查者的自由讨论中获得意想不到的发现。

相较于前两种获取信息的途径，焦点小组的优势是可以做到兼顾信息深度与代表性，且更容易获得全面的信息。

不过，焦点小组的局限性也很明显。焦点小组的参与者容易互相影响，可能导致真实性偏差。此外，焦点小组对调查者的应变能力、沟通技巧和组织能力有很高要求。

图 2-4　焦点小组

培训什么：确定培训主题

1. 确定培训领域

弄清楚培训背景并深入了解培训对象后，就可以确定培训主题了。在确定具体的主题之前，需要先确定培训领域。培训师在确定培训领域时，必须遵守一个最基本的原则：找到业务需要领域和自己擅长领域的重叠部分（见图 2-5）。也就是说，这个领域既是业务需要的，又是培训师擅长的。是不是业务需要的，培训师在了解培训背景时就已经确认了，剩下的就是要确认培训主题是不是自己擅长的。

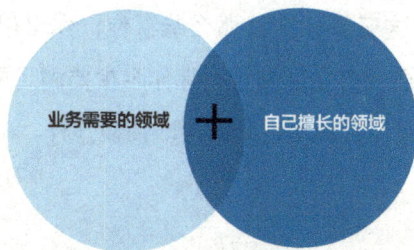

业务需要的领域　＋　自己擅长的领域

图 2-5　确定培训领域

如何确认呢？以下三个标准可供参考：

● **第一，你在这个领域具备系统的理论知识**

比如，你具备相关的教育背景，有相关专业的学历、学位；参加过专业的理论培训，系统地学习过相关培训课程；至少通过阅读相关书籍或参加一些自学项目完成了系统的自学。无论是哪一种，你都必须经过系统的学习，掌握系统的理论知识。这是第一个标准，也是最基本的一点。

● **第二，你在这个领域拥有丰富的实操经验**

实操经验的来源分三种情况：一是这个领域正是你本职工作对应的领域，你的主业就是干这个的；二是你并非专职从事这个领域的工作，但这个培训主题与你在工作中经常用到的某项技能相关；三是你在实践中用这个培训主题涉及的内容（技巧、工具等）成功解决过足够多的问题。

举例来说，假如你是项目经理，而培训主题正是项目管理，与你的本职工作相关，这就属于你具备本职工作领域的实操经验；假如你是助理，经常要给领导准备 PPT，你的 PPT 制作技能高于大多数同事，这就是你工作中一项常用的技能；假如你是部门经理，经常会帮助下属解决冲突或优化职业规划，就是在用与本职工作不相关的技能解决实际问题。这些都是实操经验的来源。

● **第三，你在这个领域取得有说服力的成就**

成就的体现是多样的，比如你在这个领域取得含金量比较高的专业认证，取得突出的业绩，或者取得比较有影响力的项目成果。用一句话来概括就是，你需要在这个领域取得让未来的潜在学员信服的成就。

如果你同时满足这三个标准，那么恭喜你，你可以在该领域做培训师了。如果这三个标准还没有全部满足，那你至少要满足两个才不至于遭到太多质疑，剩下一个则可以在做培训师的同时慢慢弥补。

2. 确定培训主题

确定培训领域后，接下来就要确定具体的培训主题了。培训主题的确定需要遵循以下三个标准：

● **焦点明确**

与培训需求相关的主题范围很广，而培训对象可用的时间和对这个范围内的主题的接受程度是有限的，因此培训主题需要做到焦点明确、针对性强。聚焦于一个小主题深入学习的效果好于面向一个大主题的泛泛了解。当然，这是在有一定时间限制的情况下，如果这个主题因为某些原因（比如优先级很高或专业性很强），领导给了员工充裕的学习时间，就可以稍微定得大一些，但这属于特殊情况。

例如，已经确定的培训领域是沟通，如果把"沟通的艺术"作为培训主题，就太宽泛了。沟通当然是一门艺术，它表现在各个方面，但学员不一定对每个方面都感兴趣，或者并不是每个方面都跟他们的工作相关。

如果把这个跟沟通相关的主题聚焦在"项目管理中的跨部门沟通"上，焦点就非常明确了。首先，这里说的沟通是在"项目管理"这个大语境下，与项目管理相关的人员就会对这个主题感兴趣；其次，这里说的不是广义的沟通，而是跨部门沟通，那么项目管理中需要用到跨部门沟通技巧的人就会对这个主题感兴趣。

● **实用性强**

绝大多数培训需求是由企业某一个实际问题催生的，所以培训主题本身的设置应该有很强的实用性，不仅要明确"是什么""为什么"，而且要解决"怎么做"这个最重要的问题。也就是说，学员学习培训课程后，能解决一个具体的问题。

例如，已经确定的培训领域是统计学相关工具，如果把"概率论与数理统计"作为培训主题，就太理论化了，听起来像是一门大学课程，大部分职场人士一看到这个主题就会失去兴趣。此外，对这个主题的系统学习需要很完整的知识架构作为基础，并不是几天的培训就可以讲透的。如果把培训主题换成"生产现场的实用统计工具"，那么实用性就很强了。首先，这些统计工具是用在"生产现场"这个具体的场景中的。其次，培训师将要讲述的是一个个具体工具的使用，而不是盘根错节的理论。

● **时效性强**

随着知识、方法、工具的快速迭代，几年前很受欢迎的一些培训主题，在今天可能毫无价值。尤其是近年随着互联网、社交媒体、短视频的发展，人们在网上可以快速捕捉到最新的信息和概念。所以，培训师在设计新的培训课程前，要先确定培训主题具有时效性、不过时，而且在网上没有现成的免费课程。

例如，在二三十年前，"五笔输入法速成"是一个非常受欢迎的办公技能培训课程的主题。但是，如果现在你还在讲五笔输入法，别人就会觉得很可笑，因为只有极少数人还在用这种输入法打字。

同样是关注办公效率和办公技巧，如果把培训主题换成"×× 公司定制ERP 系统的全新功能入门"，则时效性就很强了。而且，对这家公司来说，这个培训课程是定制的，人们无法在网上找到针对性这么强的免费资源，这门培训课程的价值就高了。

3. 区分培训主题与培训标题

培训主题确定后，接下来就要给它起一个响亮的名字了，也就是要确定培训标题。下面先来澄清两个概念，即培训主题和培训标题。

为了阐述清楚"主题"与"标题"的区别，这里通过几个例子，在不同的语境下对二者进行形象的比较。

对一个人来说，"一名在知名互联网企业工作的软件工程师，男性，名校硕士，29 岁，未婚，爱好摄影、羽毛球"这段描述可以类比为这个人的主题；而这个人叫张三，"张三"则可以类比为这个人的标题。

对一本书来说，"一部浪漫主义章回体长篇小说，主要描写了唐僧师徒西行取经，历经九九八十一难，最终取得真经的故事"这段描述可以类比为这本书的主题；而这本书就是《西游记》，"西游记"则是这本书的标题。

对一款游戏来说，"一款多人参与的、以语言描述推动的、较量口才和分析判断能力的策略游戏"这段描述可以类比为这款游戏的主题；而这款游戏叫作《狼人杀》，"狼人杀"则是这款游戏的标题。

对一门培训课程来说，"一门针对项目管理场景下的跨部门沟通技巧提升的课程，时长为 7 小时，由真实案例改编的模拟练习贯穿始终"这段描述是这门培训课程的主题；而这门课程的名字"项目管理利器之跨部门沟通"则是标题。

上述例子让我们对培训主题和培训标题的区别一目了然。培训主题就是对"这门培训课程是什么"的描述，而培训标题则是高度概括了培训主题和培训特点且便于传播的一个短语。

4. 拟定培训标题

弄清楚培训标题与培训主题的区别后，培训师要给自己的培训课程拟一个好的标题。好的标题可以在培训宣传推广的过程中高效、精准地吸引目标学员的注意，可谓影响巨大。拟定一个好的培训标题并不难，只要遵循以下三个准则就行了：

● 紧扣主题

培训标题以最少的文字阐明培训主题和培训特点，从而迅速与目标学员建立直接联系。因此，拟标题时首先必须紧扣培训主题本身。可以说，培训标题是对培训主题的提炼，切忌为了引人注意而故弄玄虚，拟定与主题没有直接关系的标题。

例如，某门培训课程的主题是：一门针对项目经理的，用于提高其在项目管理中的跨部门沟通效率的课程。如果为了吸引眼球而起这样一个标题——"你不知道的职场秘密"，听起来很神秘，也能吸引别人的注意力，但是单看这个标题则完全看不出这门培训课程要讲什么内容，可能真正的目标学员并不会被吸引。而"项目管理中的跨部门沟通"这个标题虽然朴实无华，但紧扣培训主题，让目标学员一看就知道这门课程是自己所需的。

● **重点突出**

与某个主题相关的培训很多，但其侧重点各有不同，所以在标题中将该培训的重点强调出来，才能与同类培训区分开来，更精准地找到目标学员。

例如，如果培训主题还是一门针对项目经理的，用于提高其在项目管理中的跨部门沟通效率的课程，那么"沟通的艺术"也是一个可选的标题，而且做到了紧扣主题，但问题是重点不突出。相较之下，"项目管理中的跨部门沟通"这个标题的重点就非常突出了。首先，它明确了是在项目管理语境中的沟通，那么工作中涉及项目管理的人就会感兴趣。其次，它还明确了是跨部门沟通，那么在项目管理中需要跨部门沟通的人就会更感兴趣。

● **创造记忆点**

我们现在身处一个信息爆炸的时代，每天都会接收到海量信息。然而，人的注意力是有限的，我们有限的注意力正在被无限的信息争夺着。在这样的大背景下，优质的培训标题就需要主动创造记忆点，在注意力争夺战中脱颖而出，才能在目标学员的脑海中留下印象。

仍以"一门针对项目经理的，用于提高其在项目管理中的跨部门沟通效率的课程"为例，前面提到"项目管理中的跨部门沟通"这个标题紧扣主题、重点突出，是个不错的标题，但若把它改成"项目管理利器之跨部门沟通"，是不是会产生更好的效果呢？这个标题不仅紧扣主题、重点突出，而且创造了"利器"这个记忆点，更易于在宣传推广的过程中给目标学员留下印象。

总而言之，拟定一个好的培训标题，需要遵循三个准则：紧扣主题、重点突出和创造记忆点。而遵循这些准则的根本目的，是要在广大的信息接收者中快速筛选出培训的目标学员并与之建立联系。

实现什么效果：设立培训目标

1. 设立目标的基本原则

在确定培训主题和培训标题后，我们终于进入本章最后一个环节——设立培训目标。设立培训目标要遵循一个基本原则——SMART 原则。"smart"这个英文单词的原意是聪明的、机敏的，而作为一个被广泛应用于目标设立的原则，"SMART"则是下面五个英文单词首字母的缩写：

S——Specific，具体的；

M——Measurable，可衡量的；

A——Attainable，可达到的；

R——Relevant，相关的；

T——Time-bounded，有时间约束的。

为了让读者充分理解如何在拟定培训标题时使用 SMART 原则，下面将给大家做一个动态演示。

如图 2-6 所示，首先以"员工工作效率提高"作为一门培训课程的目标。如果你对这样的描述感到习惯，那么一眼看上去会觉得它作为一个培训目标没什么问题，但一结合 SMART 原则就会发现大有问题，它精准地避开了 SMART 原则的每一条要求。提高哪些员工的什么效率呢？如何衡量提高的程度呢？是否可实现呢？是否与培训需求相关呢？多长时间实现呢？这些问题都不清楚。

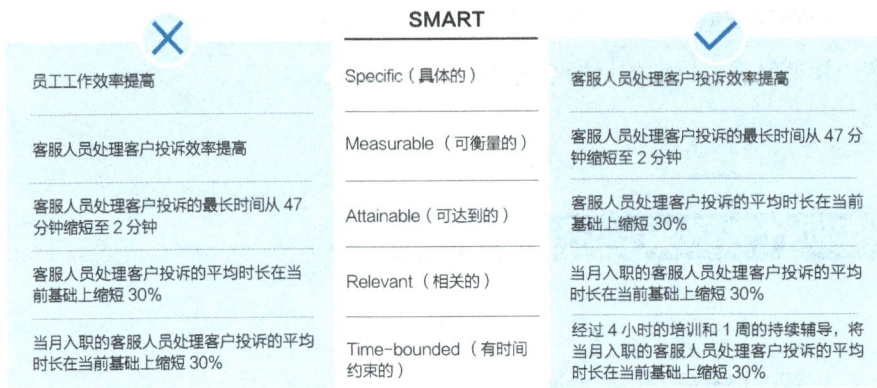

图 2-6 SMART 原则

那么，接下来就以这个满是漏洞的培训目标为起点，沿着图 2-6 所示的思路，依次按照 SMART 原则的每一个要求对其进行优化。

● **第一步：具体化（S）**

为了回答"提高哪些员工的效率"这一问题，需要将原目标中的"员工"具体化为"客服人员"；为了回答"究竟是什么工作"这一问题，需要将原目标中的"工作"具体化为"处理客户投诉"。于是，培训目标"员工工作效率提高"就变成了"客服人员处理客户投诉效率提高"。前后一对比，显然优化后的目标更清晰，更不容易产生歧义。

● **第二步：可衡量（M）**

"客服人员处理客户投诉效率提高"这一目标显然没有包含任何可量化的指标，即使经过第一步优化后有所改善，但仍然不符合"可衡量的"这一要求。

如果加入一个可量化的指标——时长，再将这一指标赋予（合理范围的）数值，就可以得到"客服人员处理客户投诉的最长时间从 47 分钟缩短至 2 分钟"的目标，这就变成一个可衡量的培训目标了。

● **第三步：使可达到（A）**

把处理客户投诉的最长时间从 47 分钟缩短至 2 分钟是个极大的改善幅

度，基于行业经验和客观条件限制，仅通过培训几乎是不可能实现的。此外，这个目标也没有给可能出现的意外情况留任何空间，显然不符合"可达到的"这一要求。

如果把这个目标变成"客服人员处理客户投诉的平均时长在当前基础上缩短 30%"，就比较合理了，也更有可能达到了。一方面，30% 的改善幅度更符合实际；另一方面，把目标放在平均值而非最高值上，也给可能出现的意外情况留了空间。

● **第四步：使相关（R）**

假设培训师在了解培训背景时发现，处理客户投诉时间较长的员工都是还在试用期（入职时间在三个月内）的新员工，尤其是当月入职的员工，那些处理时间长达 40 多分钟的情况几乎都出自当月入职的员工，而已转正员工的处理时间则短得多。对于这种情况，如果培训关注的是已转正员工就没有太大的意义，或者说已转正员工与培训目标是不相关的。培训师想重点关注的是当月入职的客服人员，如果把上一步得到的目标进一步改成"当月入职的客服人员处理客户投诉的平均时长在当前基础上缩短 30%"，目标的相关性就更强了。

● **第五步：增加时间约束（T）**

上一步得到的培训目标似乎已经很完美了，但它仍有提升空间——目标的实现没有时间限制。那么，应该如何优化呢？

很简单，根据实际需要，在上一步得到的目标的基础上加一个时间前缀就可以了。比如，可以改成"经过 4 小时的培训和 1 周的持续辅导，将当月入职的客服人员处理客户投诉的平均时长在当前基础上缩短 30%"，这就是一个完全符合 SMART 原则的培训目标。

到这里，对培训目标的优化就完成了。"员工工作效率提高"这一原始培训目标被优化成了"经过 4 小时的培训和 1 周的持续辅导，将当月入职的客服人员处理客户投诉的平均时长在当前基础上缩短 30%"，相信各位读者能感受到二者天差地别。

2. 拆分目标的主要方式

除了遵循 SMART 原则以外，有时设立培训目标还应根据需要，将培训目标进行拆分。按照培训内容结构的不同，拆分培训目标的方式有两种：节点式拆分和平行式拆分。对拆分方式的选择取决于培训课程主体部分的结构。培训课程主体部分的结构将在下一章介绍，现在单讲目标拆分方式。

适用节点式拆分的情况是：培训内容由流程、步骤组成，必须遵循固定的顺序，实现上一个步骤的目标是完成下一个步骤的基础，直至完成最后一个目标。为了更形象地说明，下面举几个典型的例子。

● **演唱技巧培训**

学习演唱技巧时，我们必须先掌握音准，再学习演唱时感情投入。所以，如果要把"演唱技巧的提升"这个总目标进行拆分，就应该拆分成：先将音准掌握到什么程度，再使感情投入达到什么样的水平。

● **游泳培训**

学游泳时，我们必须先学会憋气，再掌握四肢动作，最后才能在游泳的过程中换气。标准的游泳课程一般是按照这三个步骤，一环扣一环去完成的。如果要把"学会游泳"这个总目标拆分成几个子目标，也需要按照这样的顺序：第一个子目标是学会憋气；第二个子目标是学会四肢动作；第三个子目标是学会在游泳的过程中换气。依次实现这三个子目标后，我们就学会游泳了。

● **外语培训**

关于外语学习，不同的人有不同的看法，不同的课程对学习方法和学习目标也有不同的安排，但这不是本书关注的重点。为了便于理解培训目标的节点式拆分，下面单以传统的外语培训为例。

传统的外语培训一般遵循这样的固定顺序：先认识字母、练习发音，接下来积累词汇，再学习语法，最后尝试写作。学习一门外语时，我们的整体目标是掌握这门语言，如果将其拆分成多个子目标，也要按照这样的顺序：第一个子目标是学会多少个字母；第二个子目标是可以正确拼读；第三个子目标是掌握多少词汇；第四个子目标是将语法掌握到什么程度；第五个子目标是达到什么样的写作水平。依次实现这些目标后，我们就掌握这门语言了。

适用平行式拆分的情况是：培训内容是由平行的若干个模块组成的，并没有严格的顺序要求，可以分别实现每个模块的目标，而这也是对整体目标的实现的强化。为了更形象地说明，下面来看几个典型的例子。

● **烹饪技巧培训**

学习烹饪技巧时，我们通常会分别学习蒸、炸、煮、炒四种不同的烹饪方式。所以，一门针对烹饪技巧的培训课程就可以设置对应的四个平行子目标，先实现哪个子目标都行。如果一位学员只学会蒸，即使他还没开始学习其他三种烹饪方式，我们也可以说他在一定程度上会烹饪了。但游泳培训的例子就不同了，如果一个人只学会憋气，那不能说他在一定程度上会游泳了。这两个例子体现了平行式拆分和节点式拆分的典型区别。

● **PPT 制作技巧培训**

学习 PPT 制作技巧时，我们通常分别学习功能与快捷键、排版与配色、动画效果使用等方面的知识和技巧。所以，一门针对 PPT 制作技巧的培训课程就可以设置对应的几个平行子目标，先实现哪个子目标都行。我们不必先学会使用快捷键再去了解排版和配色，也不是非得学会排版和配色才能去学如何使用动画效果。能掌握全部技巧自然最好，但如果时间和精力有限，我们先掌握其中一个技巧也可以实现 PPT 制作能力的提升。

● **演讲技巧培训**

想达到好的演讲效果，演讲者需要同时注意声音表达、信息传递、肢体语言和情绪呈现四方面的技巧。所以，一门演讲技巧的培训课程就可以设置对应的四个平行子目标，先实现哪个子目标都行。演讲者无论在哪方面有所提升，整体的演讲效果都会更好。

通过以上例子可以看到，一个大的培训目标是可以拆分成若干子目标的，而且目标的拆分有利于实现总目标。在进行目标拆分时，培训师应根据培训课程主体部分的结构特点，选择节点式拆分或平行式拆分。

作业——设立培训目标

请基于你对培训背景和培训对象的了解，确定你即将设计的培训课程如下内容：

· 培训主题
· 培训标题
· 培训目标（符合 SMART 原则）

第 3 章

五部曲之二：

搭建大纲

我们将进入本书第 3 章，即课程设计五部曲的第二个步骤——搭建大纲。本章将介绍明确课程结构、建立主体思路、确定素材来源、制作培训大纲四部分内容。

万能的三段式：明确课程结构

在搭建培训大纲之前，我们先了解一下培训课程的基本结构——三段式结构，即开场、主体部分和结尾。关于主体部分，后文会有详细介绍，这里先介绍两个篇幅相对较小但又非常重要的部分——开场和结尾。

先来看开场。开场是整场培训最先给学员留下印象的部分，由于首因效应，开场成功与否往往影响着整场培训的效果。好的开场有助于学员迅速与培训师、其他学员、课程内容建立联系。

从内容来看，开场一般包括以下四个部分：

● 开场白

开场白就是用一段简洁的话语（比如某个时事热点，一个有意思的笑话，或者学员们正在讨论的一个问题等）自然地引入当前的培训主题。也就是说，开场白要用一段简短且自然的话来打破培训开场时的沉默状态，引入培训主题。开场白是培训师与学员建立联系的第一步。作为培训师，这是你在一场培训中的首次正式亮相，你的着装、仪态、声音和说话方式会伴随开场白给学员留下印象。这个印象无论是正面的还是负面的，都会成为你与学员建立的初步联系。

● 培训师介绍

培训师介绍就是培训师向学员正式地介绍自己，通常从工作经验、专业履历、个人特点等方面进行自我介绍，让学员有一个初步了解。培训师介绍也是帮助培训师与学员建立联系的重要途径。

● 学员破冰

学员破冰指利用一些小互动和小游戏来让学员很快熟悉起来并拉近距离。学员有可能来自不同公司或不同部门，彼此没有太多交集，甚至素未谋面。即使是来自同一部门或工作上有交集的同事，可能也没有太多私下的互动。因此，在培训开场时，培训师需要通过学员破冰环节迅速建立学员之间的信任感，并让学员对培训环境产生安全感。这种信任感和安全感有助于学员接下来集中注意力接收培训信息，在互动环节放心地输出个人观点。

● 期望管理

期望管理的目的是让学员对接下来的培训会如何开展有一个正确的期待。期望管理主要包括以下三方面内容：

第一，了解学员对培训的期待并做出回应（确认或否定）。

培训师可以通过个人发言、写便利贴、小组总结等形式，收集学员对这场培训的具体期待，然后做出回应。这个环节可以让学员在培训一开始就知道哪些期待在培训中可以被满足，哪些期待基于培训目标的设定不该有。

第二，说明培训规则。

培训师要向学员说明培训规则，比如要求学员做到准时参加培训、手机调成静音、提问时举手等，让学员对需要遵守的规则有所了解。

第三，介绍培训内容。

培训师要向学员介绍培训的结构、形式以及具体的时间安排，让学员知道接下来会发生什么、以何种形式发生、在何时发生。这样学员对接下来的培训会有掌控感，觉得更安全，也更容易接受培训内容。

再来看结尾。结尾是整场培训最后给学员留下印象的部分，由于近因效应，结尾成功与否也会影响培训的整体效果。

从内容来看，结尾一般包括以下五部分：

● 回顾总结

在培训课程即将结束的时候，培训师需要带着学员对整场培训的内容进行简要回顾，让学员对培训内容有一个更深刻的印象。前面提到的"近因效应"指人们通常对最近接触的信息印象更深刻，所以在培训结束前做一个回顾，可以有效地帮助学员记住培训的主要内容。

● 效果验收

除了回顾总结以外，培训师还希望了解学员对培训交付内容的掌握效果，一般可以通过提问抽查、随堂考试、回授法（Teach-back）等形式来检查。回授法指让学员化身为培训师，把培训中涉及的一些子主题内容教授给其他学员。这是一个验证学员掌握效果的非常有效的方法，还可以锻炼学员的演讲和表达能力，在沟通、表达类培训中效果尤为显著。

● 课后安排

在培训结束时，培训师要让学员知晓接下来要做的事情，包括课后作业、课后实践任务、自我提升计划等。

● 答学员问

在培训结束时，学员可能会有各种各样的遗留问题或新生问题，培训师需要安排一个单独的环节请学员提问并解答。不管学员的提问是针对培训内容的，还是针对后续安排的，抑或是由培训内容衍生出的其他问题，培训师都应该尽量当场解答；如果无法当场解答，也要把这些问题记录下来，后续以其他方式及时给学员反馈。

● 寄语祝愿

在整场培训的最后，培训师还要送寄语。一般来说，培训师的寄语包括对学员的感谢、对学员表现的肯定、对学员今后发展的期许、对学员在该领域继续发展的建议等，在一种积极、温暖的氛围中给培训画上圆满的句号。

以上就是培训开场和结尾应包含的内容。培训师在课程设计阶段就要把这两部分内容设计好，但由于这些内容有较大的灵活性和互动性，需要根据每场培训的实际情况进行现场调整。因此，它们也是本书的"下篇：培训交付四要素"的重要内容，在"下篇"的相应章节会有更详细的讲解。

课程如何展开：建立主体思路

1. 常见的课程设计思路

了解培训开场和结尾应包含的内容后，接下来就要把关注点放在课程主体部分的设计思路上了。常见的课程设计思路有以下三种：

● 流程导向型

流程导向型课程设计思路指按照流程、步骤，遵循既定顺序来搭建培训结构，每个流程、步骤就是培训的一个子模块。适合这种设计思路的课程，内容本身就具有很强的流程导向性，每一个流程、步骤都要遵循特定的顺序。

读者朋友们对这个描述是不是很熟悉呢？没错，上一章介绍如何确立培训目标时提到，当一个培训主题或培训目标比较大时，可以按照培训课程主体部分的结构进行拆分，其中一种拆分方式就是节点式拆分。如果一门培训课程介绍的是某个流程，而这个流程又由若干步骤组成，每个步骤自然就成了培训课程的一个子模块。当然，每场培训都有一个总目标，每个子目标的实现都是实现总目标的必要条件，只有上一个步骤的目标实现了，才有可能实现下一个步骤的目标。

关于流程导向型课程设计思路，我们来看两个例子。

第一个例子是六西格玛 DMAIC 培训。

这类培训在工程领域和制造业是非常热门的。它分为黄带、绿带和黑带三个带级，带级不同，则培训课程的深度和广度也不同。然而，不管是哪个带级的培训，都会严格按照 DMAIC 方法论本身的阶段，即定义、测量、分析、改善和控制五个阶段来安排培训内容（见图 3-1）。带级越高的培训，每个阶段涉及的工具和方法越多，但整体的框架是相同的，一定会包括这五个阶段，且都是按照从"定义"到"控制"这个固定顺序来开展的。

阶段一	阶段二	阶段三	阶段 四	阶段 五
Define（定义）	Measure（测量）	Analyze（分析）	Improve（改善）	Control（控制）

图 3-1　六西格玛 DMAIC 培训的五个阶段

这个顺序就是按照 DMAIC 方法论去解决问题的顺序：只有先定义清楚问题是什么，才能去测量问题的严重程度；只有了解问题的严重程度后，才能去分析导致问题的根本原因；只有找到根本原因后，才能去寻找解决方案，加以改善；只有实现改善后，探讨长期控制与维持改善结果才有意义。因此，六西格玛 DMAIC 的培训内容都是按照这个固定顺序展开的，一环扣一环。

第二个例子是课程设计培训。

正如本书"上篇：课程设计五部曲"的篇名所示，课程设计包括确立目标、搭建大纲、完善内容、制作课件和持续改进五个步骤（见图 3-2）。

课程设计

确立目标	搭建大纲	完善内容	制作课件	持续改进

图 3-2　课程设计五部曲

进行课程设计时，必须先确立培训目标后，才能去搭建大纲；只有大纲搭建完成后，才能去完善具体的培训内容；所有培训内容都完善后，才能着手制作课件；前面所有工作都完成后，探讨如何持续改进才有意义。以上步骤是一环扣一环的，这是培训师在设计一门新课程时通常要遵循的一个固定流程。

● **要素组合型**

要素组合型课程设计思路指按照构成某个主题的几个要素来搭建培训结构，每个要素自然也就成了培训中的一个子模块。本书在"确立目标"那一章提到过要素组合设计形式，在提到培训目标可以按照培训课程主体部分的结构进行拆分时，其中一种拆分方式是平行式拆分，而平行式拆分针对的就是要素组合型课程设计思路。

关于要素组合型课程设计思路，我们也来看两个例子。

第一个例子是"高效能人士的七个习惯"培训。

这是一门非常受欢迎且经久不衰的培训课程，很多培训机构都开设了。但不管是哪家培训机构、哪位培训师来讲授这门课程，不管培训时长是 1 天、5 天还是 1 小时（课程深度和案例数量可能不同），都会按照这七个习惯来进行子模块的划分（见图 3-3）。

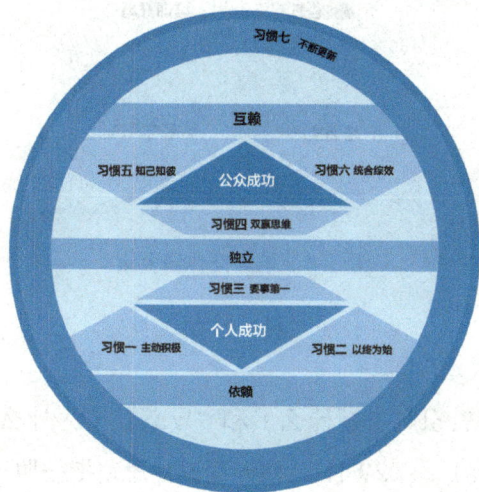

图 3-3　高效能人士的七个习惯

当然，课程内容就是对这七个习惯的介绍，有时会遵循一定顺序，但不像前面介绍流程导向型课程设计思路时列举的那两门培训课程的顺序那么需要严格遵循。换一个角度来理解，在"高效能人士的七个习惯"这门课程中，学员只要实现了其中一个模块的目标，养成了其中一个习惯，都是往前推进了一步，不必先做到主动积极才能以终为始。

第二个例子是培训交付技巧培训。

正如本书"下篇：培训交付四要素"的篇名所示，培训交付包括课前准备、培训开场、培训控场、结尾与跟进四个要素（见图3-4）。虽然这些要素看起来是按照培训开展顺序排列的，但实际执行时顺序并没有那么重要，比如培训师并不是做好了课程准备才能做好培训开场。另外，虽然这四个要素是培训交付成功的必要条件，但培训师可以单独学习、操练其中一个要素，只要实现了一个要素水平的提高，培训交付的整体水平就会有所提高。

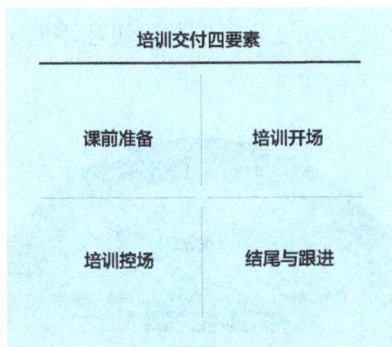

图3-4　培训交付四要素

● "2W1H"型

"2W"指"What"（是什么）和"Why"（为什么），而"1H"指"How"（怎么做）。"2W1H"型课程设计思路指按照"是什么""为什么"和"怎么做"的顺序来安排培训内容。这种课程设计思路比较适合主题相对单一，而概念性比较强或概念比较新的培训内容。

关于"2W1H"型课程设计思路，以项目管理中的高效沟通培训为例，怎么安排课程内容呢？

首先，介绍"项目管理中的沟通"的定义，让学员了解那是什么。其次，通过一些案例介绍项目管理中的沟通为什么尤为重要，也就是说清楚为什么。最后，也是整个培训最重要的部分——阐述如何在项目管理中做到高效沟通，通过几个案例教学员具体怎么做。这就是典型的按照"是什么""为什么"和"怎么做"的顺序来开展培训的例子。

接下来通过三个案例来更加深入地了解这三种不同的课程设计思路。

2. 流程导向型课程设计案例

六西格玛黄带培训是六西格玛最基础的带级培训。前面简单介绍过六西格玛，它是一个用于解决问题的方法论，其核心是 DMAIC。DMAIC 是 "Define"（定义）、"Measure"（测量）、"Analyze"（分析）、"Improve"（改善）和 "Control"（控制）五个英文单词的首字母缩写。这个方法论是指依次按照这五个单词所代表的五个阶段来解决一个具体问题。

六西格玛黄带培训严格按照这五个阶段的顺序来设计（见图 3-5）。

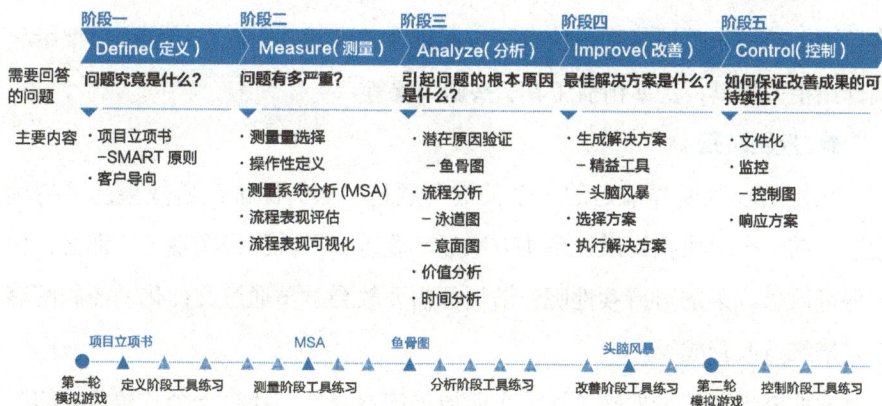

图 3-5 流程导向型课程设计案例

● **定义阶段**

在定义阶段要弄清楚的一个关键问题是"问题究竟是什么"。为了回答这个问题，培训师在定义阶段会给学员详细介绍一些工具和方法，比如项目立项书、客户导向等。

● **测量阶段**

在测量阶段要弄清楚的一个关键问题是"问题有多严重"。如何才能知道问题有多严重呢？这就需要通过测量来确定问题的严重程度。为了回答这个问题，培训师需要给学员介绍对应的方法，比如测量量选择、操作性定义、测量系统分析、流程表现评估、流程表现可视化等。

● **分析阶段**

在分析阶段要弄清楚的一个关键问题是"引起问题的根本原因是什么"。前两个阶段明确了问题是什么，也确认了问题的严重程度，在分析阶段就要找到导致问题的根本原因。为此，培训师需要用到原因分析的一些方法，比如鱼骨图、泳道图、意面图、价值分析、时间分析等。

● **改善阶段**

在改善阶段要弄清楚的一个关键问题是"最佳解决方案是什么"。培训师已经明确了问题是什么，确认了问题的严重程度，也分析了问题产生的根本原因，接下来就要找到最佳解决方案来改善现状。为此，培训师需要给学员介绍相关工具，比如精益工具、头脑风暴等。

● **控制阶段**

在控制阶段要弄清楚的一个关键问题是"如何保证改善成果的可持续性"。前一个阶段找到最佳解决方案后，改善成果就已经实现了。那么，如何保证改善成果的可持续性呢？培训师需要教会学员通过文件化、控制图等工具来维持改善成果。

六西格玛黄带培训除了这五个阶段的内容以外，还有一个"角色扮演"的模拟游戏贯穿整个课程。在培训一开始，学员要先进行第一轮模拟游戏，真实呈现一家运营有问题的公司的现状。在接下来的培训中，学员的任务就是改善该公司的状况。

随着五个阶段的展开，每当介绍到比较重要且实操难度较大的工具时，培训师都要将学员带入模拟游戏的情景中，让其分组练习如何运用这些工具，比如定义阶段的项目立项书、测量阶段的测量系统分析、分析阶段的鱼骨图、改善阶段的头脑风暴等。学员在小组练习的过程中，自然而然会找到解决该公司运营问题的最佳方案，从而在培训过程中实现对该公司现状的改善。在培训结束前，培训师还要安排第二轮模拟游戏来验证改善的效果。

3. 要素组合型课程设计案例

《高效能人士的七个习惯》是一本畅销书，作者是美国著名管理学家史蒂芬·柯维。他在书中提出一个非常全面的方法论，可用于解决个人在职场上的各种问题。这本书被誉为个人成长与管理的经典著作。

很多培训师根据这本书开发了相应的课程。典型的"高效能人士的七个习惯"培训课程，由主动积极、以终为始、要事第一、双赢思维、知己知彼、统合综效和不断更新七个习惯的培训组成。如图 3-6 所示，在展开介绍每个习惯的时候，一般会先讲解这七个习惯是什么，然后用一个或多个案例来说明这些习惯会对人产生多么显著的影响。

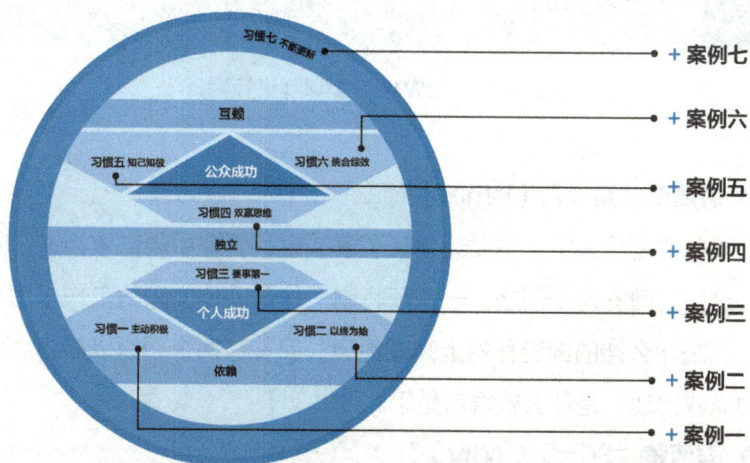

图 3-6　要素组合型课程设计案例

4. "2W1H"型课程设计案例

如果你是项目经理，可能会陷入以下窘境：在重要的项目会议上，你想给关键干系人留下好印象，但往往你越重视，越适得其反；项目需要得到管理层的支持，但相关领导太忙，没时间参加会议、回复邮件；项目组成员经常不按时交付，但你不是其直属经理，难以给出直接的意见和建议；项目不同干系人由于出发点不同，对你的项目带有抵触情绪，不太配合……

"项目管理中的高效沟通"是一门针对项目管理场景的沟通技巧培训课程，有助于学员在项目管理中更高效地沟通，尤其适用于那些处于需要非职权领导力困境中的学员。根据"2W1H"型课程设计思路开展此培训如图3-7所示。

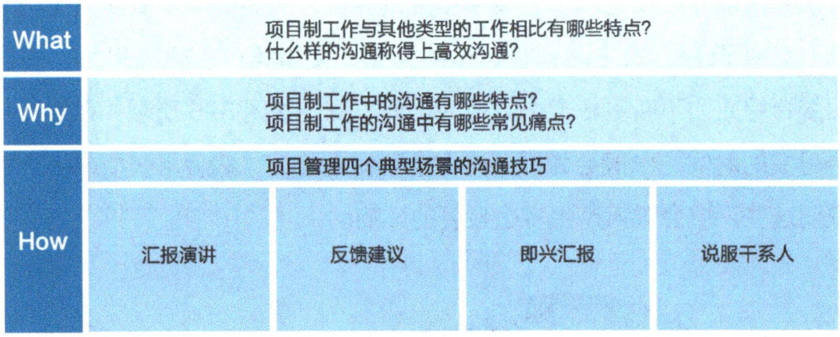

图 3-7 "2W1H"型课程设计案例

● **讲明白"是什么（What）"**

讲明白"是什么"就是要让学员了解"项目管理中的高效沟通"到底是什么。这需要回答两个问题：一是项目制工作与其他类型的工作相比有哪些特点；二是什么样的沟通称得上高效沟通。回答这两个问题以后，"项目管理中的高效沟通"是什么就很清楚了。

● **弄清楚"为什么（Why）"**

弄清楚"为什么"就是要让学员理解项目管理中高效沟通的必要性。这同样也需要回答两个问题：一是项目制工作中的沟通有哪些特点；二是项目制工作的沟通中有哪些常见痛点。回答这两个问题以后，学员就明白项目管理中高效沟通的必要性了。

● **教会学员"怎么做（How）"**

教会学员"怎么做"就是要教学员在项目管理中如何与人高效沟通。培训师会依次给学员介绍在四个不同的项目管理场景中怎么做才能实现高效沟通。四个场景包括面向众人做项目汇报，给组员反馈和建议，面对高层即兴汇报，说服那些持反对意见和有抵触情绪的关键干系人。

5. 组合型课程设计

在实际的课程设计中，除了前面三个案例中体现的典型课程设计思路以外，还会经常遇到将不同模式进行组合的情况。一个典型的例子就是培训师技能培训。

若想全面提升培训技能，培训师需要分别学习课程设计和培训交付，这是培训师需要负责的两项主要内容。因此，专业且完整的培训师技能培训应该包括这两部分内容。本书作为一本全面系统的培训师技能培训教材，就包括这两部分内容（见图 3-8）。

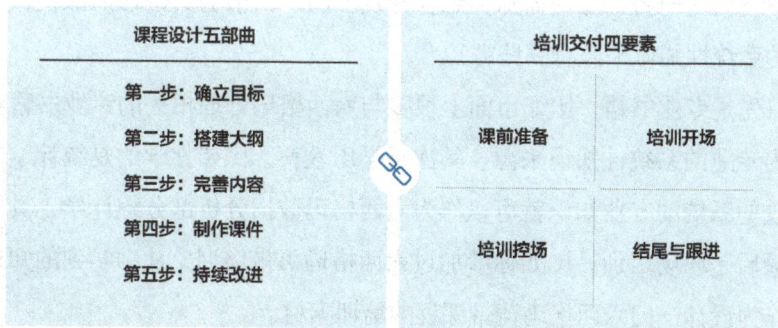

课程设计五部曲	培训交付四要素	
第一步：确立目标		
第二步：搭建大纲	课前准备	培训开场
第三步：完善内容		
第四步：制作课件	培训控场	结尾与跟进
第五步：持续改进		

图 3-8　组合型课程设计案例

本书主体部分分为"上篇"和"下篇"，其中"上篇"采用的是典型的流程导向型课程设计思路，包括确立目标、搭建大纲、完善内容、制作课件和持续改进五个步骤，必须按照固定顺序展开，学习上一个步骤是学习下一个步骤的基础；而"下篇"采用的是典型的要素组合型课程设计思路，包括课前准备、培训开场、培训控场、结尾与跟进四个部分，没有严格的顺序要求，先学习哪部分都可以，而且只要掌握了其中一个要素，培训交付能力就会有一定程度的提高。本书涵盖了两种不同的课程设计思路，可满足一名优秀的培训师要兼顾课程设计和培训交付的需求。

巧妇有米才能炊：确定素材来源

确定课程设计思路后，就要制作培训大纲了。但在此之前，还有一项重要的准备工作要做，那就是要确定是否可以找到充足的培训素材。培训素材的来源多种多样，常见的有以下几种：

● 系统性知识

系统性知识的来源主要有专业书籍、学历教育、职场培训三种。

假设你是一名企业内训师，想要开发一门六西格玛黄带培训课程，那么对应的系统性知识来源有哪些呢？

首先是专业书籍，比如市面上很多与六西格玛管理相关的专业书籍就可以作为专业的系统性知识来源。其次是学历教育，比如你学的是统计学，那你学过的系统的专业知识就可以作为六西格玛数据分析部分统计学工具的素材。最后是职场培训，比如你参加过六西格玛黑带培训，从中学到的知识也可以作为设计一门六西格玛黄带课程的培训素材。

● 实操经验

实操经验主要包括培训师的个人经验、公司业务骨干的经验以及公司外部行业专家的经验。仍以六西格玛黄带培训课程的设计为例，如果你是一名成熟的黑带，做过很多六西格玛 DMAIC 项目，那你做项目时遇到的问题和解决方法都可以作为黄带培训课程中的案例素材。此外，公司其他有经验的黑带的项目经验也可以拿来作为案例素材。不过，公司内部人员的经验毕竟有限，行业内其他六西格玛专家公开分享的项目经验和最佳实践也可以拿来作为培训素材。

需要特别注意的是，使用与他人经验相关的素材时要注意版权问题，不要随便使用有版权限制的内容。

● **互联网素材**

即使你设计的是一门新课程，网上也可能有很多现成的信息可供参考，比如与培训内容相关的视频、图片、文字等。使用互联网素材时，也要注意版权问题。

● **企业内部信息**

如果是设计企业内训课程，收集企业内部的个性化信息就很重要。收集这类信息的方法有问卷调查、现场勘察、关键人访谈等。

仍以六西格玛黄带培训课程的设计为例，培训师可以通过对质量部门和工艺部门的员工进行问卷调查，来了解在整个企业范围内比较常见的流程优化和质量改善的潜在点在哪里。在进行课程设计的时候，这些方面的内容比重可以适当大一些。此外，培训师可以对企业内部比较有代表性的流程进行现场勘察，在勘察的过程中可能会发现一些典型问题，然后在进行课程设计的时候，除了典型的行业标准大纲内容以外，还可以适当增加已发现问题的内容比重。关键人访谈是对问卷调查和现场勘察这两种素材来源的补充，有助于培训师获取一些非常重要但不容易得到的关键信息。

先框架后砖瓦：制作培训大纲

1. 大纲呈现形式

在确保有充足的培训素材后，就可以制作培训大纲了。下面介绍一个非常好用的制作工具——课程五线谱。

音乐领域的五线谱用五根等距的平行线及谱号等形象地展示了音调的高低、节奏的快慢和多声部的合奏。那么，什么是课程五线谱呢？与音乐领域的五线谱类似，课程五线谱由内容线、方法线、工具线、情绪线和时间线组成，贯穿课程始终（见图3-9）。

| 内容线 | 方法线 | 工具线 | 情绪线 | 时间线 |

图3-9　课程五线谱

接下来分别介绍课程五线谱的每一条线。

● **内容线**

内容线是按照课程内容的展开顺序，罗列出每一段规定时间内的授课主题和内容。通过内容线，培训师可以清楚地看到课程的整体设计思路和重点内容。

在内容线上填写信息时需要注意，显示在上面的信息颗粒度不需要太细，对标课程大纲或一级目录就可以了，无须把课件内容或逐字稿这类详细的信息呈现出来。

内容线描绘了整场培训的主旋律，相较而言，其他四条线像是伴奏，是为主旋律服务的。通过内容线的信息，培训师可以根据实际需要，方便地对课程内容进行剪裁、组合、调整等。

● **方法线**

方法线罗列了内容线上每个部分的呈现方法或手段，与内容线上的信息一一对应。通过方法线，培训师可以看到整个培训过程中形式的变化，并判断是否存在形式过于单调、方法过于单一等问题。因此，方法线有助于培训师在课程设计阶段提前预测和把控培训效果。

常见的教学方法有理论讲授、视频演示、操作演示、案例分析、自我测评、学员互动、小组讨论、小组练习、情景模拟等。在教学方法的选择和运用上，培训师要以学员体验为中心，根据内容需要，将多样的教学方法有机结合在一起，力争实现培训信息密度与学员活跃程度的动态平衡。

● **工具线**

结合方法线上的信息，工具线罗列了每部分内容需要用到的工具。这些工具包括为了实现方法线上的教学方法所需的培训设备、道具等。

常见的工具有 PPT、翻页纸、挂图、白板、交互屏、秒表、便利贴、马克笔等。比如，如果方法线上确定的教学方法是理论讲授，就会用到 PPT、挂图或白板；如果方法线上确定的教学方法是情景模拟，基于具体的情景设置，可能会用到的工具有秒表、便利贴、马克笔，甚至其他特殊的道具。

● **情绪线**

情绪线呈现了课程进行到某部分时学员通常会出现的情绪状态。学员何时专注、放松、好奇、无聊、疲惫等，都可以体现在情绪线上。学员的情绪状态会直接影响培训效果。因此，调节学员的情绪状态是培训师需要掌握的一项重要技能。

很多人认为学员的情绪状态主要取决于培训师的临场反应，其实一门出色的培训课程在课程设计的环节就预判了学员在每个阶段可能会出现的情绪状态。也就是说，情绪线是主动设计出来的，而不是被动形成的。

培训师在进行课程设计时，应基于每个时间段的内容安排、呈现方法或手段以及用到的工具，预判讲到这部分内容时学员可能会处于什么样的情绪状态。在实际的培训交付中，当讲到这部分内容时，培训师就可以参考情绪线上预判的情绪状态，对照学员的实际情绪状态，看看二者是否存在偏差，然后判断是否需要临场调整培训的节奏。

学员常见的情绪状态包括好奇、兴奋、专注、轻松、愉悦、惊喜、疲惫、无聊、感动等，有积极正面的，也有消极的。在一场培训中，学员情绪状态的多样性可以增强学员与培训内容的情感连接，从而提升培训效果。

● **时间线**

时间线对内容线上每个部分的时间点和时长进行了标注。时间线就像是一条辅助线，为整个培训内容的安排增加了一条时间轴，而前面四条线上的信息都是沿着这条时间轴展开的。通过时间线，培训师可以看到整场培训的时间安排，从而更好地掌握培训的节奏。

当然，培训师可以根据每场培训的具体情况对时间线进行调整，以保证每场培训的交付都符合实际情况。例如，原本一场为期两天的培训包含很多内容，但是基于实际需求，需要把培训时间缩短为一天，此时就可以沿着时间线来确定哪些内容需要删减或调整。

2. 课程五线谱案例

我们接下来以"金牌培训师零基础训练营"这一培训课程为例，来学习如何在实践中使用课程五线谱。

图 3-10 是从"金牌培训师零基础训练营"的培训大纲中截取的一部分。这是一个典型的课程五线谱，下面来逐条分析。

金牌培训师零基础训练营

模块	子模块	主题	教学方法	工具	情绪状态	时长（分钟）
序曲	导言	培训师自我介绍	分享	PPT、Flip Chart	好奇	5
		学员破冰	游戏	A4 纸、马克笔	轻松	15
		培训介绍	理论讲解	PPT	兴奋	5
		职场培训的特点	理论讲解	PPT	专注	15
		培训师的角色	理论讲解	PPT、Flip Chart	专注	15
		培训师自评	互动练习	PPT、Flip Chart	好奇	15
上篇：课程设计五部曲	第一步：确立目标	调查培训背景	理论讲解	PPT、Flip Chart	专注	25
		了解培训对象	理论讲解	PPT、Flip Chart	专注	25
		确定培训主题	理论讲解 + 举例	PPT、Flip Chart	专注	25
		设立培训目标	案例分析	Flip Chart、马克笔	兴奋	25
	第二步：搭建大纲	明确课程结构	理论讲解	PPT、Flip Chart	专注	20
		建立主体思路	理论讲解 + 举例	PPT、Flip Chart	专注	30
		确定素材来源	理论讲解	PPT	轻松	15
		制作培训大纲	理论讲解	PPT、Flip Chart	专注	15
		培训大纲案例分享	案例分析	PPT	兴奋	20
	第三步：完善内容	使用多种教学方法	理论讲解	PPT、Flip Chart	专注	20
		常见的教学方法案例分享	案例分析	视频	兴奋	20
		基于培训大纲搜集素材	理论讲解	PPT、Flip Chart	专注	20
		贯穿始终的沉浸式设计	理论讲解	PPT、Flip Chart	专注	20
		沉浸式设计案例分享	案例分析	PPT、照片、视频	兴奋	20
	第四步：制作课件	培训课件的基本原则：Must vs Must Not	理论讲解	PPT	专注	20
		课件案例分享：to follow vs to avoid	案例分析	PPT	兴奋	20
		母版和色卡的使用	理论讲解	PPT	专注	15
		母版和色卡操作演示	操作演示	装有 Office 软件的笔记本电脑	专注	20
		其他常见的授课工具：Flip Chart、白板、交互屏幕等	操作演示	PPT、照片、视频	轻松	20
	第五步：持续改进	新课试讲与验收	理论讲解	PPT	轻松	15
		长期授课中的持续改善	理论讲解	PPT	轻松	15

图 3-10　制作培训大纲案例

● **内容线清晰地展示了这门培训课程的内容安排及顺序**

图 3-10 中的前三列——"模块""子模块"和"主题"就是不同颗粒度的内容线。模块有"序曲"和"上篇"，还有"下篇"和"尾声"，一共是四个模块，这里只截取了一部分。每个模块对应一个或多个子模块，比如"上篇"包含五个子模块，分别是课程设计五部曲的五个步骤，每个子模块又包含几个具体的培训主题。

● **方法线非常清晰地展示了每部分内容是如何展开的**

例如，序曲（导言）的第一个主题是"培训师自我介绍"，其教学方法是分享；第二个主题"学员破冰"使用的教学方法是游戏；接下来在介绍职场培训的特点和培训师的角色这些知识点时，用到的教学方法是理论讲解；在讲到第一个模块的最后一个主题"培训师自评"时，会邀请在场学员参与互动并分享成果，用到的教学方法是互动练习。

我们可以发现，在一个真实的课程五线谱的制作过程中，教学方法和主题是一一对应的；此外，仅在"导言"部分的几个主题中就应用了多种教学方法。

● **工具线标明了每项内容展开时需要用到什么教具，以便提前做准备**

例如，在学员破冰环节会用到 A4 纸和马克笔。A4 纸和马克笔有什么用呢？其实就是让学员把一张 A4 纸折成名卡，然后用马克笔在上面写名字，放在自己的座位前。

理论讲解部分大多会用到 PPT，互动练习也需要根据课件提供的信息来进行，所以也会用到 PPT。

如果培训时需要现场展示手绘，就会用到活动挂图。此外，学员练习的结果需要写下来分组分享时，也会用到活动挂图。

如果培训时需要展示某个实物、场景或实际操作过程，就可能用到照片或视频。

如果培训时需要培训师带着学员完成某个操作，比如在一个关于 PPT 技巧的培训中需要现场演示母版和色卡的操作过程，就需要培训师和学员各有一台装有 Office 软件的笔记本电脑来一起学习。

● **情绪线预判了每部分内容在现场交付的过程中学员应该呈现的情绪状态**

交付每场具体的培训时，情绪线对培训师及时调整节奏和教学方法大有助益。

例如，培训师在进行自我介绍时，学员应该处于一种好奇的情绪状态，如果学员看起来比较冷漠，就需要通过语调的变化、适度地开玩笑或者提问等小技巧来吸引学员的注意力，激发学员的好奇心。

再如，图 3-10 "情绪状态"栏中的高亮部分是需要学员保持专注认真听讲的内容，如果培训师在讲解这些内容时发现一些学员的情绪状态不是专注，而是轻松或者麻木，那就要想办法重新吸引他们的注意力，比如向他们提问，或者与他们目光交流。

情绪线看起来只起到锦上添花的作用，但在实际的培训交付过程中，它对控场有很大帮助。

● **时间线清晰地标明了每部分内容应有的时长**

培训师授课时可以根据时间线的提醒来合理安排时间。除了这个案例中标明时长的形式以外，一场具体的培训在确定了开始时间后，还可以通过标注具体的时刻对时间线进行完善，比如在第一个主题处标注"9:30"，在第二个主题处标注"10:10"。

一般来说，课程五线谱的内容线、方法线和情绪线是在搭建大纲的过程中确定的，也可以说它们就是大纲本身；而工具线和时间线则需要在完善培训内容后再补充。

：**作业——搭建大纲**

请基于已确定的培训主题和培训目标，创建一份完整的课程五线谱。

第 4 章

五部曲之三：

完善内容

我们将进入本书第 4 章，即课程设计五部曲的第三个步骤——完善内容。本章将介绍培训中常见的多种教学方法，并重点介绍情景模拟。

让培训课程有血有肉：使用多种教学方法

1. 常见的教学方法

完成培训大纲的制作后，培训课程的骨架就搭建好了，紧接着需要根据骨架去完善培训内容，让培训课程变得有血有肉。

培训内容的呈现方式多种多样，而这是通过多样化的教学方法来实现的。因此，本章将介绍培训中常见的九种教学方法：理论讲授、视频演示、操作演示、案例分析、自我测评、学员互动、小组讨论、小组练习和情景模拟。这些常见的教学方法可以用"培训信息密度"和"学员活跃程度"这两个维度来按一定顺序排列（见图 4-1）。

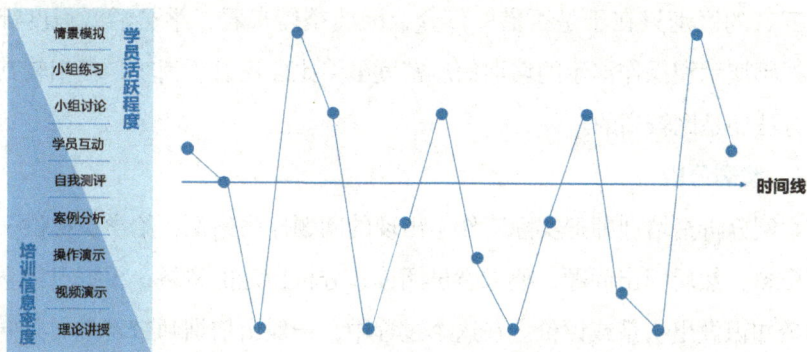

图 4-1　常见的教学方法

图 4-1 左侧有两个三角形，它们合成一个长方形，右上方浅色的三角形代表课堂上学员的活跃程度，左下方深色的三角形则代表培训内容的信息密度。这些教学方法按照图 4-1 所示的顺序排列，自下而上，学员活跃程度逐渐提高，而培训信息密度则逐渐降低。为什么会这样呢？下面为大家逐一解释这些教学方法的特点。

● **理论讲授**

理论讲授是最传统也是最常用的教学方法，指培训师用口述（或加板书）的形式向学员讲述一个道理、理论或概念。学校里老师给学生讲课，绝大多数采用的就是这种形式，老师站在讲台上持续单向地向学生输出知识点。因此，这种教学方法的培训信息密度是最大的。

然而，不管学生是否集中注意力认真听课，使用这种教学方法时，课堂上除了老师讲课的声音以外，几乎没有其他声音，学生并没有主动参与。因此，从课堂气氛来看，这种教学方法的学员活跃程度是最低的。

● **视频演示和操作演示**

视频演示是在培训的过程中为了展示某些信息，将准备好的视频素材播放给学员看。操作演示则是在培训现场直接给学员演示某个操作。

这两种教学方法从形式来看稍显生动活泼，和理论讲授相比，学员活跃程度略高。不过，这三种教学方法都是培训师在单向输出，没有和学员互动，三者的区别只在于是否借助媒介，因此整体来看，学员活跃程度都不高。视频演示和操作演示的培训信息密度虽然比理论讲授稍小，但相较其他教学方法还是比较高的。

● **案例分析**

案例分析指培训师把实际工作中出现的问题作为案例，给学员提供一段背景资料，然后提出问题，要求学员阅读、分析指定的资料，根据已经学过的理论知识做出决策或评价。在这个过程中，一般由培训师带着学员共同完成阅读、分析和点评。案例分析由培训师来引导，学员有一定参与度。在阅读的过程中，每位学员都会思考；在分析和点评的过程中，至少部分学员会提出问题或发表见解。

相较于前三种教学方法，使用案例分析时，学员活跃程度会明显提高；不过，由于案例分析通常是对已经讲授过的某个知识点的延伸，并没有像前三种方式那样持续向学员输出新知识点，因而培训信息密度略小。

● **自我测评**

自我测评一般指培训中讲到某种类别划分时，培训师请学员根据自己对概念的理解和自身实际情况，判断自己属于哪个类别或等级。

自我测评需要学员的参与，学员会有各自的思考，而这必然带来课堂气氛活跃度的提升；但它与案例分析相似，只是对已经讲过的内容的验证，学员会加深对已学内容的理解，但很难获得更多新知识，所以培训信息密度也不是很大。

● **学员互动**

学员互动指在培训过程中邀请学员参与进来，与培训师配合，将其现场输出作为接下来培训内容的输入。

既然是互动，学员的课堂活跃程度肯定不低，会高于自我测评和案例分析这两种教学方法；不过，由于在互动过程中向学员传递的新知识点非常有限，虽然学员活跃程度提高了，但培训信息密度反而变小了。

● **小组讨论和小组练习**

　　小组讨论一般是在培训过程中讲解一个概念后，请学员分组在组内分享自己的想法，从而增强对概念的理解；而小组练习是小组讨论的升级版，同样是让学员分组活动，但活动本身从单纯的讨论变为对某种工具或方法的演练。

　　无论是小组讨论还是小组练习，都会伴随学员的思考、发言甚至争论，小组之间会产生竞争，所以学员活跃程度很高；但这两种教学方法几乎不会向学员传递新知识点，培训信息密度小于前面几种教学方法。

● **情景模拟**

　　情景模拟指在培训中提供一个模拟真实工作场景的背景信息，并让学员扮演不同的角色，使之通过亲身参与，掌握将所学理论知识应用于实际工作中的方法。

　　在情景模拟的过程中，每位学员都需要全程进入自己扮演的角色，其参与度是所有教学方法中最高的，学员活跃程度也是最高的。但学员的全部精力都集中在模拟场景中，获得的新知识反而是最少的。

　　图 4-1 所示的时间轴代表了一场培训的时间线。我们希望看到的是，一场培训的信息密度和学员活跃程度随着时间的推移不断发生变化，并且在整体上保持平衡，如图 4-1 所示，整体呈现出一种跳跃感。这种培训信息密度和学员活跃程度的不断变化，在给学员持续带来新鲜感并使其集中注意力的同时，可以保证信息的输入量，从而在整体上达到更好的培训效果。因此，一门优质的培训课程往往会在课程设计时特意将多种教学方法相结合。

　　以上是几种常用的教学方法的简单对比，接下来会结合案例，展开更详细的介绍。

2. 理论讲授详解及案例

　　使用"理论讲授"这一教学方法介绍概念、现象、理论、方法、工具时，运用金字塔原理和 MECE 原则有助于建立清晰的逻辑结构（见图 4-2）。

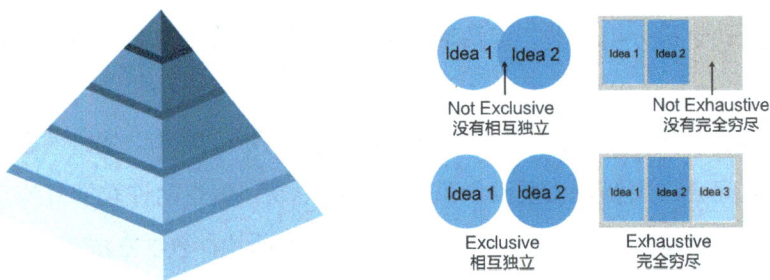

图 4-2　金字塔原理和 MECE 原则

● **金字塔原理**

金字塔原理是一项层次性、结构化的思考与沟通技术，可以用于结构化的说话与写作。它要求表达时中心思想明确，结论先行，以上统下，归类分组，逻辑递进；此外，要先重要后次要，先全局后细节，先结论后原因，先结果后过程。

这听起来有点复杂，但其实和我们小时候学过的议论文的总分结构很相似。我们表达时要先阐明中心论点，再将其细分为几个子论点，然后提供各种形式的论据来支持论点。

例如，在向面试官做自我介绍时，金字塔原理就可以很好地帮你组织语言。你可以这样说：首先，你非常适合这份工作（这是面试时自我介绍的中心论点，你的目的就是向面试官说明你适合这份工作）；然后，把"非常适合这份工作"这个中心论点拆分成三个子论点，即从你的教育背景、工作经历和个人特点三方面来看，你都非常适合这份工作；最后，再给出具体的例子和细节，分别从这三方面去论证你的确适合这份工作。这就是一个非常典型的在表达时运用金字塔原理的例子。

那么，运用金字塔原理到底能给我们带来什么好处呢？通过面试的例子可以看到，符合金字塔原理的表达重点突出、逻辑清晰，能让听众非常轻松地理解表达者的意思，因此这样的表达是高效的。培训师运用金字塔原理授课时，这种优势更加明显。

第 1 章在介绍职场培训的特点时提到，职场人士参加培训时注意力集中的时间比较短。如果培训师讲授时先罗列细节，然后层层汇总，最后才将其聚合成一个中心论点，一旦这个过程比较长，很多学员可能还没等到中心论点出现就走神了。很可能培训师讲了半天，但很多学员并没有听到最核心的部分，而是在听了一堆细节后走神了，等回过神来，中心论点已经讲完了，于是错过了课程的核心内容。

相反，如果培训师在培训一开始就阐述课程的核心信息或观点，然后严格按照金字塔原理层层展开，那么接下来即使有人走神，漏听的也只是相对没那么重要的细节，并不会影响他们对培训思路的理解与核心观点的吸收。

● MECE 原则

MECE 是 "Mutually Exclusive Collectively Exhaustive" 的首字母缩写，意思是 "相互独立，完全穷尽"。MECE 原则要求在描述某一主题时，做到既不重叠又不遗漏地分类。

下面列举几个应用 MECE 原则进行分类的例子，以便读者理解。

第一个例子，上文提到的面试时的自我介绍，从教育背景、工作经历和个人特点三方面来介绍自己，就是一种相互独立且完全穷尽的表述。

一方面，教育背景、工作经历、个人特点这三方面是不重叠的：教育背景和工作经历是互相不包含的；而介绍教育背景和工作经历是对客观事实的陈述，也不包含个人特点；而介绍个人特点也是不包含工作经历和教育背景的。三者之间边界清晰、没有交集，这就是相互独立的体现。

另一方面，在面试的场合，我们希望面试官了解的信息一般是教育背景、工作经历和个人特点这三方面，它们是同一层级的若干分类，把这一层级的所有内容都罗列完了，就是完全穷尽的体现。

第二个例子，在介绍某款健身产品的用户群体时，青少年、中年和老年也是一种相互独立且完全穷尽的表述。

首先，青少年、中年、老年三个年龄层没有重叠部分，这是相互独立的体现。其次，因为儿童不适宜使用该健身产品，使用者无非是青少年、中年人和老年人，所以这个分类也没有遗漏，把这款产品所有潜在用户都考虑到了，这是完全穷尽的体现。

如果在介绍这款产品的用户群体时，把潜在用户分为青少年、老年人和女性，就不是相互独立且完全穷尽的表述。很多商家在做用户分类的时候，常常把女性单列出来，不是让其与男性并列，而是与老年人、青少年并列。这可能是为了体现对女性消费者的重视，但这样的表述从结构来看是有问题的。女性和老年人、青少年是有重叠部分的，青少年和老年人当中都有女性，显然这个分类没有做到相互独立且完全穷尽。如果将用户群体如此划分，那么在针对不同用户群体制定推广策略时，就很难有很强的针对性。

第三个例子，做手机市场分析时，把手机分成两类：智能手机和非智能手机。

这显然是一种相互独立且完全穷尽的表述。首先，一个"非"字就把智能手机和非智能手机的界限划清了，它们是相互独立的。其次，从技术上来讲，手机除了智能手机就是非智能手机，这样的分类也是完全穷尽的。

和第二个例子一样，对手机的分类，我们也常常看到有问题的描述。比如，部分文章在介绍手机市场时，常常会使用"智能手机"和"老年机"这样的分类，这显然不是相互独立且完全穷尽的表述。智能手机既有针对年轻人设计的，也有专门为老年人设计的；同时，老年机有可能是智能手机，也有可能是非智能手机。这样的分类会让接下来内容分析的边界变得不清晰，分析结果的说服力也会大打折扣。

那么，遵循 MECE 原则到底有什么好处呢？给学员讲解某个概念的时候，培训师本人对这个概念很熟悉，但这个概念对很多学员来说比较陌生，或者没那么容易理解。如果培训师的表述遵循了 MECE 原则，就有助于学员在脑海中建立清晰的结构，便于理解和记忆。

以上就是培训师在进行理论讲授时要遵守的原理和原则。这些原理和原则在培训内容的安排上尤为适用。基于职场培训的特点，部分学员难以长时间集中注意力，培训师使用金字塔原理和 MECE 原则可以让学员在最短的时间内抓住重点，且更易于理解和记忆。

除了上面提到的金字塔原理和 MECE 原则以外，培训师在使用"理论讲授"这一教学方法介绍概念、现象、理论、方法、工具时，使用以下四种方法可以使内容变得更生动有趣：

● 讲故事

首先，故事有情节、悬念和冲突，比枯燥的理论知识更能引起学员的兴趣。其次，故事伴随着情感的传递，往往更能让学员产生代入感，产生共鸣。最后，人们普遍更认可自己得出的结论——学员听了一个故事后，经过思考得出自己认可的结论，即使那些结论是由培训师通过精心设计的故事来传递并引导学员得出的。综上所述，讲故事有助于讲授者更有效地表达。

那么，怎样才能讲出好的故事呢？好的故事包括以下四要素：

·要素一：故事主旨

主旨指故事究竟想表达什么。故事的展开都要围绕这个主旨，否则就是为了讲故事而讲故事，不能起到辅助表达的作用。

·要素二：戏剧冲突

戏剧冲突是一个故事的内容核心。一个故事能吸引人们的注意力，正是因为其中存在戏剧冲突。因此，能否巧妙地设置戏剧冲突就决定了一个故事是否具有吸引力。

·要素三：细节描述

细节往往是最能触动人心的部分，能使故事更有感染力和真实感。所以，讲故事时不要一味概述，在重点内容中加入一些细节描述也是很重要的。

·要素四：悬念设置

悬念能让人们因持续疑虑不安而产生期待心理。故事中的悬念设置，是指通过对情节悬而未决、结局难料的安排，激发听众急于知晓结果的迫切期待心理。悬念设置可以让学员忍不住在心里不停地问"后来呢""然后呢"，从被动接收信息变为主动探索信息。

● **使用关键词**

相较于大段的文字，简短且有代表性的关键词的记忆点更强，更容易给学员留下印象。

培训中使用关键词法的两种方式如下：

·方式一：提炼关键词

提炼关键词，即从内容中提取有代表性的关键词。例如，本书的课程设计五部曲和培训交付四要素，其中"五部曲"和"四要素"就是关键词。再如，第1章关于培训师角色的总结，即"编""导""演"，也是很典型的案例。当然可以用更完整的方式来表达，但显然"编""导""演"这三个关键词更容易被人记住。

·方式二：编制顺口溜或英语缩略词

不管过去多少年，人们听到"困了累了"，还是会很自然地想到"喝红牛"；听到"车到山前必有路"，还是会很自然地想到"有路就有丰田车"；听到"今年过节不收礼"，还是会很自然地想到"收礼只收脑白金"。这就是顺口溜的力量——创造超强记忆点。同样，在培训中讲授某个复杂概念时，培训师也可以用顺口溜帮助学员记忆。

至于英语缩略词，比如SMART原则，"SMART"这个很顺口的单词就巧妙地总结了具体的（Specific）、可衡量的（Measurable）、可达到的（Attainable）、相关的（Relevant）、有时间约束的（Time-bounded）这五个对目标设置的要求，学员一旦听过就很难忘记。

再如，精益培训中提到的八大浪费，对学员来说是一个非常基础的概念，但即使是工作中涉及精益管理或现场管理的人也很难一下子把这八大浪费说全，而"TIMWOODS"这个词就很巧妙地对其做了总结。这个词是八个英文单词的首字母缩写："T"代表运输（Transportation），"I"代表库存（Inventory），"M"代表人的移动（Motion），"W"代表等待（Waiting），两个"O"分别代表过量生产（Overproduction）和过度加工（Over-processing），"D"代表缺陷（Defects），最后一个"S"代表技能（Skills）。"TIMWOODS"说起来很顺口，我们只要记住这个词，再看着每个字母去回忆其代表的意思，想遗漏哪个都难。

● **视觉化**

视觉化，即在认知过程中，人们会将非视觉性的信息加工成具体的视觉信息，从而增强对事物的反应强度，在培训中亦可如此。

首先，培训师可以通过将关键字加粗、设置高亮等方式来突出重点信息，比如在一页课件上将小标题或关键词加粗并使用不同的颜色。

其次，培训师也可以通过图片、图表等图形化信息来辅助表达一个抽象概念。比如，上文在比较几种常用的教学方法时，图 4-1 用两个位置相反的三角形的组合来形象地描述这些教学方法的特点。

最后，培训师讲课时也可以在白板上手绘，将一个动态的过程呈现出来，以此来辅助口头表达。

● **作类比**

类比的作用是借助类似的事物来刻画和突出本体事物的特征，以加深人们对本体事物的理解。培训师讲到某个新事物或者比较复杂的概念时，使用通俗易懂的类比也有助于学员更好地理解。

例如，在介绍组织的重要性时用碳元素作类比：金刚石和石墨都是由碳元素组成的，但因内部结构不一样而呈现出一个刚硬、一个绵软的特性。又如，在介绍结论先行的表达方式时用金字塔作类比。再如，在介绍信息不全面对人们的负面影响时用盲人摸象作类比。

接下来通过真实的案例来演示理论讲授在培训中是如何应用的。

请扫描视频 4-1 的二维码观看演示视频，或扫码后回复关键词

"161515"，再点击链接观看视频。

视频 4-1　理论讲授案例

这段视频是一场高效沟通技巧培训中讲到"汉堡"准则的片段。在视频里，培训师正借助课件给学员讲授这个概念。

在培训师的讲授过程中，我们可以清晰地观察到上文关于理论讲授的建议是如何体现的：首先，培训师在阐述"汉堡"准则这个概念时遵循了金字塔原理和 MECE 原则，先提纲挈领地概括这个概念是什么，再展开介绍"汉堡"每部分的具体要求，然后补充例子和细节，每个层级的阐述也都做到"相互独立，完全穷尽"；其次，培训师表述时强调了"汉堡"这个词，这是关键词的运用；再次，课件上拆分为三个部分的"汉堡"图形可以强化学员对概念的理解，这是视觉化的体现；最后，用"汉堡"来归纳"软—硬—软"这种反馈建议时的表达结构就用到了类比。

至于讲故事，这段 7 分钟的视频虽然没有讲述完整的故事，但借助"小张"这个虚构的人物展开一个个故事场景，虽简短，却也让学员产生了较强的代入感。

不过，理论讲授的培训信息密度很大，学员虽然聚精会神地听，但活跃程度并不高。这也是这种教学方法的显著特点。

3. 视频演示详解及案例

下面是"视频演示"这一教学方法的案例分享。

某培训师在一场精益工具的培训中讲到"快速换模"（SMED）工具。制造业企业在一条生产线上切换不同产品的生产时，需要停机更换模具，而使用这个工具可以大大减少停机时间，从而提高产能。在介绍完这个工具的概念和操作步骤后，为了加深学员的认识，该培训师就播放了一段真实的 F1 赛场上更换轮胎的视频（各位读者用任意浏览器搜索"F1 极速更换轮胎"可找到相似的视频）。

该培训师特意将这段视频播放两遍，第一遍纯粹让学员观赏，通过"两秒换完四个轮胎"画面带来的视觉震撼，直观地感受到快速换模的显著成果；第二遍则要求学员一边观看，一边结合刚刚学习的理论知识，找出视频里哪些细节用到这个工具。通过观看两遍视频，学员在教室里就可以对如何在实操层面应用所学工具形成深刻印象。

4. 操作演示详解及案例

下面是"操作演示"这一教学方法的案例分享。

请扫描视频 4-2 的二维码观看演示视频，或扫码后回复关键词"161515"，再点击链接观看视频。

视频 4-2　操作演示案例

在一场关于统计学工具的培训中，培训师需要教会学员使用统计学软件 Minitab，于是在现场进行了操作演示，这段视频是对其操作过程的记录。

在演示的过程中，学员可以跟着一起做，这样教学效果更好。但在操作演示的时候，培训师要关注学员的操作进度。因为培训师对演示的内容很熟悉，而学员可能是第一次接触这个工具，自然慢得多，切忌只顾自己操作而使学员跟不上进度。由于培训师要带着大家一步一步慢慢做，操作演示的培训信息密度会略小于前两种教学方法，但因为有学员的参与，学员活跃程度会高一些。

5. 案例分析详解及案例

下面是"案例分析"这一教学方法的案例分享。

图 4-3 展示的是在一场营销技巧培训中用到的案例。培训师讲完广告营销技巧的理论知识后，把下面这份材料发给学员阅读。

2019 年 1 月，临近春节，一个《啥是佩奇》的短视频在网上走红，成了爆款短视频。佩奇是一部外国儿童动画片里的角色，在国内也有较高的热度。在短片中，一位农村老人了解到住在城里的儿子一家要回村里过年，孙子很想要一只"佩奇"，于是他开始寻找佩奇，并发出"啥是佩奇"的疑问。在询问和寻找佩奇的过程中发生了一系列令人捧腹大笑的事，历经波折后，老人终于亲手焊接出了一个佩奇"硬核手办"。

这个充满土味和温情的短视频很快在网上走红，虽然观众看完视频才意识到这是一个广告，其目的是为即将上映的《小猪佩奇过大年》电影宣传造势。随着这个短视频的火爆传播，其推广电影的目的也达到了。这个短视频以近年来在少年儿童中非常流行的"小猪佩奇"元素为切入口，以城市与农村、老一辈与年轻一辈之间的差异为情感角度，结合春节这一背景，通过一个看似平淡却充满欢笑与温情的故事来体现亲情带给人们的感动。这种情感共鸣很容易戳中人们的内心，使其成为热门话题。

图 4-3　案例分析案例

在学员阅读完材料后，培训师提出一个问题："请思考该案例用到哪些广告营销技巧，你从中受到什么启发？"培训师在讲过广告营销技巧的理论知识后，让学员思考这个广告用了哪些营销技巧，完成其与已学知识的匹配。

除了匹配已学知识以外，案例分析还给学员提供了发散思维的机会，让学员从案例联想到工作中的应用场景。培训师通过案例分析考查了学员对理论知识的理解程度和实际应用能力。培训师通过带着学员分析案例，让学员对一个新知识点的学习程度从"了解"提升到"理解"，甚至能应用。

图 4-3 这个案例分析的例子相对来说比较简单。首先，它的背景并不复杂，只是对某一客观事件的描述。其次，在第一段客观描述这个事件后，第二段就给出对该事件的解读，所以学员接下来的分析可以参考案例中已经提供的解读，解读的整体难度并不高。而有一些案例是给出复杂的条件，让学员自己去解决问题，难度就比较大。

6. 自我测评详解及案例

下面是"自我测评"这一教学方法的案例分享。

在一场领导力培训中，培训师先给学员讲了团队中的不同角色，也就是图 4-4 中的九种角色——鞭策者、实干家、善始善终者、凝聚者、资源调查员、协调者、智多星、监督评论员和专家。

请每位学员完成团队角色自我认知问卷，确认自己在团队中的自然角色、次要角色和避免角色，并思考如何在今后的团队工作中扬长避短。请先在小组内讨论，然后每个小组派一名代表给全体学员分享。

类别	行动导向型			人际导向型			思想导向型		
标志									
角色	鞭策者（SH）	实干家（IM）	善始善终者（CF）	凝聚者（TW）	资源调查员（RI）	协调者（CO）	智多星（PL）	监督评论员（ME）	专家（SP）
行为	随时向团队中的消极行为发出挑战	总能将想法通过行动落地	完善其他队员可能忽略的细节	调整自己，配合他人，可承担团队中不同的任务	建立内外部联系，为团队获取资源	挖掘他人优点，使团队朝共同目标前进	用富有创意的主意为团队带来进展，但往往特立独行	深思熟虑后谨慎地做决定	在团队中贡献自己专业领域的知识和技能
优势	驱动力强、领导力强、抗压能力强	守纪律、效率高、可靠	勤奋、遵守承诺、交付质量高	温和、善解人意、乐于配合	热情、健谈、说服力强	成熟、保持中立、善于抓重点	充满创意、在困难问题上突破	分析能力强、善于权衡所有选项	具有专业水准、做事专注
缺点	过于主动、有攻击性、缺乏耐心	不够灵活、对新想法反应迟钝	不愿授权、只能依靠自己	优柔寡断、避免冲突	过于乐观、对长期任务容易失去兴趣	玩弄手段、推卸责任	忽略细节、容易脱离现实	不善于鼓舞他人、缺乏动力	过于技术化、目光狭隘、速度慢

图 4-4　自我测评案例

接下来，培训师又给学员介绍了几个概念：每个人都会有天生比较擅长扮演的角色，也就是"自然角色"；没有那么擅长但可以通过努力扮演好的角色，也就是"次要角色"；非常不擅长且付出很大努力也不一定能扮演好的角色，也就是"避免角色"。

讲完这两部分理论知识后，培训师发给学员一份由选择题构成的问卷，让学员根据自己的真实情况填写并基于问卷中每道题的选项打分，然后根据分数得出自己的"自然角色""次要角色"和"避免角色"。在学习完相关理论知识后完成这样一份问卷，学员会对自己有更清晰的认识。更重要的是，结合对自身的认识，完成问卷后，学员对这两部分理论知识也会有更加深刻、全面的理解。

在培训里插入自我测评，一来可以提高学员参与度，活跃课堂气氛；二来可以强化学员反思，帮助其深入理解课程内容。由于自我测评不涉及新的知识点，其培训信息密度甚至小于案例分析，但学员活跃程度很高。

7. 学员互动详解及案例

学员互动的形式多种多样，这里给大家展示四个真实的培训中比较有代表性的例子。

图 4-5 左上图反映的是提问形式，这是所有互动形式中最简单也是最常用的。培训师提出一个问题，请学员举手回答，基于学员的答案自然引入下一部分内容。

图 4-5　学员互动案例

图 4-5 左下图反映的是邀请学员代表上台展示的互动形式。例如，培训师在一场关于沟通的培训中讲了一个沟通技巧后，请一位学员代表到讲台上给大家演示，然后给出建议。

图 4-5 右上图反映的是在一场工作坊式培训中，讨论到组织中某个角色的职责时，培训师现场收集学员的想法。在学员们纷纷给出自己的想法时，培训师一边倾听，一边在白板上进行罗列和整理。在这个互动环节结束后，培训师会输出一版大家共同认可的结果。

图 4-5 右下图反映的也是一场工作坊式培训的情景。这场培训的主题是运营领域的问题解决方法，在图片所示的互动环节里，培训师先将学员分成若干小组，然后请每位学员在小组内分享自己在工作中遇到的一个与运营相关的亟待解决的问题（比如质量问题、效率问题、成本问题等）。经过组内讨论后，每个小组推选 1～2 名代表来给全体学员分享自己的问题。在听取每组代表提出的亟待解决的问题后，培训师会带领其他学员一起给出建议，即这个问题适合用培训中介绍的哪一种方案去解决。

以上四个例子都出自线下培训。我们可以看到，无论是哪一种互动形式，都有一个共同的特点，那就是在培训现场将学员的输出带入接下来要进行的培训内容中。

自 2020 年新冠肺炎疫情暴发以来，由于客观环境的变化，线上培训逐渐被人们熟悉和接受。线上培训也可以用学员互动的方法。虽然以上四个例子中的互动形式无法在线上使用，但还有很多适合线上培训的互动形式，比如微信群的互动、直播答疑、作业批改，以及在直播课堂上通过一些软件自带的技术工具进行点名提问等。

学员互动形式的培训信息密度小，因为其间几乎所有信息都不是培训师输出的新知识点；不过，从"互动"一词自然就会想到其学员活跃程度是比较高的。

8. 小组讨论详解及案例

下面是"小组讨论"这一教学方法的案例分享。

图 4-6 中的四张图片展示的都是培训中小组讨论的场景。我们可以看到，分组的方式和每组人数各有不同，这是由讨论的主题、讨论的要求以及现场总人数决定的。我们从图片想象得到小组讨论时的学员活跃程度高于前面几种教学方法，但由于培训师没有提供新的知识点，培训信息密度相对较小。

图 4-6　小组讨论案例

9. 小组练习详解及案例

下面是"小组练习"这一教学方法的案例分享。

图 4-7 展示的是在一场"高效解决问题"培训中，培训师讲到鱼骨图时给学员介绍分组练习任务的要求。介绍完鱼骨图的作用、操作步骤和注意事项后，培训师将学员分为两组，让他们在小组内练习使用这个工具。

> 　　请两个小组根据模拟游戏中出现的问题，通过鱼骨图找出潜在原因。在练习过程中请严格遵照课件提到的操作步骤。每个问题对应一张鱼骨图。
>
> 20 分钟

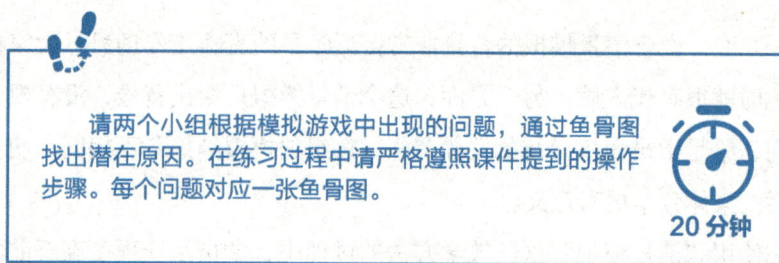

图 4-7　小组练习案例

　　当培训师使用"小组练习"这一教学方法时，学员活跃程度很高。培训组织方还准备了茶食，学员可以一边享用一边练习，气氛非常轻松。此外，每位学员都积极承担自己在小组练习中的职能，比如有人负责在白板上书写，有人踊跃分享自己的想法，有人在认真思考；但由于没有新知识点的输入，学员只是基于前面讲过的知识进行练习，所以培训信息密度比较小。

10. 情景模拟详解及案例

　　下面是"情景模拟"这一教学方法的案例分享。

　　图 4-8 展示的是在一场汇报技巧培训中，培训师讲到"电梯演讲"这个技巧时，给学员设置的情景。在了解完背景信息后，学员们很快两两一组进入角色。

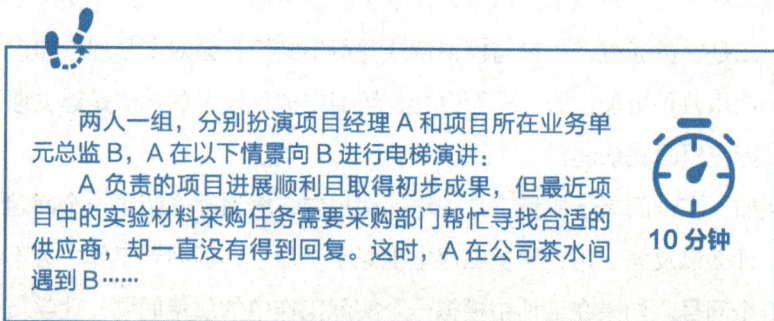

> 　　两人一组，分别扮演项目经理 A 和项目所在业务单元总监 B，A 在以下情景向 B 进行电梯演讲：
> 　　A 负责的项目进展顺利且取得初步成果，但最近项目中的实验材料采购任务需要采购部门帮忙寻找合适的供应商，却一直没有得到回复。这时，A 在公司茶水间遇到 B……
>
> 10 分钟

图 4-8　情景模拟案例

一方面，由于情景模拟的背景非常接近学员的真实工作场景，大家在扮演角色时就很有代入感；另一方面，这个情景模拟只给出背景，没有规定剧情走向，给足学员角色扮演的发挥空间，每组的模拟结果各不相同，使模拟结束后的集体分享更有意义。

在使用"情景模拟"这一教学方法的过程中，学员活跃程度高于前面提到的其他教学方法，但因为没有新的知识点输入，学员只是在模拟培训师讲过的内容的使用场景，所以培训信息密度比较小。

让培训课程寓教于乐：贯穿始终的情景模拟

1. 设置情景模拟的作用

对于课程设计而言，九种常见教学方法中的前八种都是比较简单的，要准备的素材并不复杂，而最后一种教学方法——情景模拟作为一种贯穿培训始终的沉浸式设计，其课程设计的难度就比较大了，需要培训师给出一套完整的背景信息和游戏规则。

既然难度较大，为什么还要在培训中设置情景模拟呢？这有两个目的：一是在培训过程中模拟工作情景，让学员学会将理论知识应用于实际工作情景中；二是学员通过亲身参与模拟游戏并得出结论，会对所学理论知识在实践中的应用效果更加信服。总而言之，培训中情景模拟的本质是建立理论知识与实际应用的联系。

例如，在一门关于质量工具的培训课程中，培训师介绍了一个问题解决工具是什么以及怎么用，学员在课堂上似乎听懂了，但回到工作中会不会用还得打个问号。如果在培训中模拟一个实际工作中的质量问题，让学员扮演某个角色，用刚刚学到的工具来解决这个具体的问题，则学员对这个工具的掌握程度会有质的提高。

再如，在一门关于沟通的培训课程中，培训师讲了一种沟通技巧是什么以及怎么用，但学员在日常沟通中是否真的会使用这种技巧则要打个问号。如果在培训中设计一个模拟职场真实冲突的情景，让学员扮演某个角色，用刚刚学到的沟通技巧来化解这个冲突，则学员在培训结束后使用该技巧就会更得心应手。

2. 设置情景模拟的原则

那么，如何设计情景模拟呢？根据培训主题和培训目标的不同，情景模拟的设计可能千差万别，而一个好的情景模拟需要遵守两个原则：真实性原则和可操作性原则。

● 真实性原则

真实性原则指情景模拟要尽可能贴近真实工作情景。

第一，模拟的情景（或流程）需要贴近目标学员所在的行业，尽可能还原其真实工作情景。例如，在课程设计之初确定目标学员都来自制造业，则该培训情景模拟的流程最好选取制造业的流程（比如生产流程），这样目标学员就能更快地理解背景信息和游戏规则，也更容易带入自己在工作中的思考。

第二，背景设置需要贴近真实情况，避免过于理想化、绝对化的描述。情景模拟中的背景信息是培训师虚拟的，与真实情况可能有出入，但应该尽量贴近实际，给出有一定模糊性和灵活性的描述，才能更真实地还原工作情景。

第三，设置的问题需要具备一定复杂度，比如在埋设多处待识别、验证和解决的问题时，应避免过于单一。实际工作中的问题往往不是独立出现的，而是一连串相关的问题同时发生或相继发生。因此，设计情景模拟时也要尽可能考虑到对问题复杂度的还原。

第四，埋设的问题需要具有一定隐蔽性，避免学员一眼就能找到解决方案。培训师在设计情景模拟的故事时，由于是人为设置，有时适合选用什么方案会过于明显。在真实工作情景中，问题解决方案往往需要经过复杂的分析、验证才能找到，而不是一眼就能找到。如果培训中模拟的问题很容易解决，就达不到模拟真实工作情景的效果了。

● **可操作性原则**

可操作性原则指情景模拟可以在培训的有限条件下完成。

第一，模拟的情景（或流程）是可以在培训教室里呈现的。上文关于真实性原则的第一点要求提到要还原真实工作情景，而满足真实性的最极端做法就是把目标学员所在行业的一个真实流程（比如生产流程）直接搬到教室里，这的确可以做到百分百真实，但不可能做到。所以，在尽可能真实的前提下，还要保证模拟的情景是可以在培训教室里呈现的。

第二，模拟的问题有较为清晰的条件和边界，这与上文关于真实性原则的第二点要求相呼应。上文提到为了满足真实性，情景模拟的背景设置应避免过于理想化、绝对化。然而，由于在培训过程中解决问题的时间有限，不可能给学员留出在实际工作中解决问题的时间，所以相较于绝对真实的情况，培训中模拟的问题需要人为设置一定条件和边界。

第三，情景模拟中的问题是可以在有限的时间内借助有限的道具完成的。上文要求设置的问题具备一定复杂度，但考虑到培训中的时间和资源限制，情景模拟中预先埋设的问题又不宜过多。

第四，埋设的问题是可以通过培训中的知识和工具来解决的。第三点强调的是问题的数量，而这一点则是强调问题的难度，同样与上文相呼应。上文要求问题埋设得有隐蔽性，避免一眼就能找到解决方案。然而，考虑到情景模拟是为了有针对性地练习培训中学习的内容，因此在设计时还应保证埋设的问题可以通过培训中的知识和工具来解决。

通过以上解释可以看到，真实性和可操作性是相互牵制的，设计情景模拟时需要在二者之间找到平衡。这并不容易，那就通过下面的案例来感受一下如何做到真实性与可操作性的平衡吧。

六西格玛黄带培训是市面上很受欢迎的一个培训主题，很多培训公司、培训师都可以交付这个培训。这些培训的课程大纲大同小异，但其中的情景模拟游戏却多种多样。本书将介绍六西格玛黄带培训中设计的一个情景模拟游戏——SkyPro（该游戏受版权保护，不可私自使用）。

在第一轮模拟开始时，培训师先给学员展示图 4-9 的内容，简要且清晰地介绍这个模拟游戏的背景和产品的工艺流程。我们可以看到，背景信息中的两个关键质量指标——飞行距离和外观的具体要求并不明确。这是一种刻意的设定，反映了实际工作中问题本身定义不明确的情况。此外，三个工艺流程的第一步只有一个动作，操作起来很简单；而第二步却有五个步骤，相对复杂得多；第三步虽然只有一个步骤，但难度较大。这种工艺流程之间的不平衡也是刻意设置的，反映了很多生产线的实际情况。

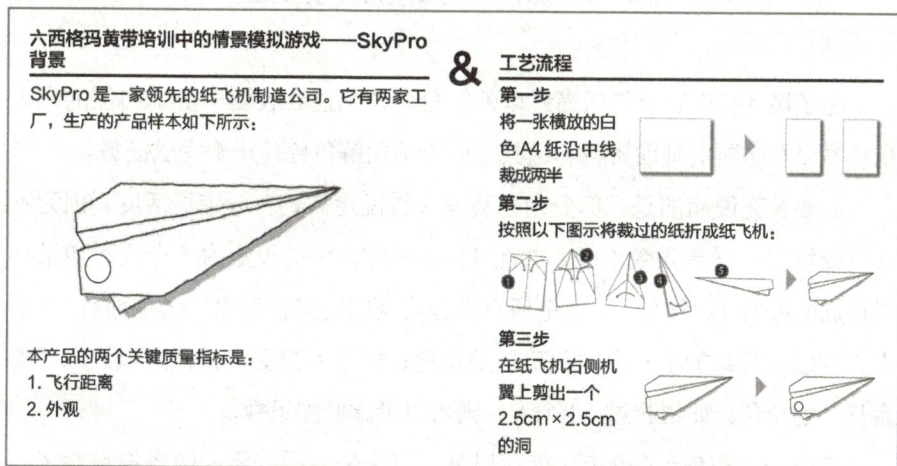

六西格玛黄带培训中的情景模拟游戏——SkyPro
背景 & **工艺流程**

SkyPro 是一家领先的纸飞机制造公司。它有两家工厂，生产的产品样本如下所示：

第一步
将一张横放的白色 A4 纸沿中线裁成两半

第二步
按照以下图示将裁过的纸折成纸飞机：

第三步
在纸飞机右侧机翼上剪出一个 2.5cm × 2.5cm 的洞

本产品的两个关键质量指标是：
1. 飞行距离
2. 外观

图 4-9　情景模拟游戏——SkyPro

介绍完游戏背景和产品的工艺流程后，培训师对第一轮模拟的规则要求和角色设置（见图 4-10）作了说明。规则要求明确了模拟游戏应该如何进行，并确保第一轮的模拟结果是预料之内的糟糕，比如"每个人只负责自己工位上的工作"使操作人员在模拟过程中得以发现工艺流程不平衡的问题。角色设置则给游戏参与者安排了明确的任务。

规则要求

· 全体学员分成两组，每一组代表一家工厂进行模拟生产
· 模拟生产持续 3 分钟，每 20 秒分发一次原材料
· 客户为每一件质量合格且准时到达的产品支付 200 万美元
· 客户为每一件质量合格但未准时到达的产品支付 100 万美元
· 客户不给质量不合格的产品支付任何费用
· 计时器响起后停止生产
· 每个人只负责自己工位上的工作

**每家工厂唯一的目标是，
在 3 分钟内赚尽可能多的钱**

角色设置

· 3 名操作人员：按照各自负责步骤的作业指导书进行生产
· 1 名承运人：在每个工位之间运输半成品，并将最终成品运输给客户
· 1 名质检员（客户）：根据质量验收说明书判断产品质量并记录结果
· 1 名时间记录员：测量每个步骤的平均用时

图 4-10　SkyPro 的规则要求和角色设置

除了图 4-10 的一句话描述以外，每个角色还会收到一份本岗位的作业指导书以及必要的辅助资料和道具，以准确理解角色并正确完成任务。

需要补充说明的是，部分角色及其人数设定需要有一定灵活度，因为不同培训场次的学员人数不同。如图 4-10 所示，标准设定为 6 个人，如果一场培训刚好有 12 个人，那么把所有人分成两组刚好；如果一场培训有 14 个人，可以在每组加上一个"领班"的角色；如果人数更多，则可以加入"观察员"的角色；如果超过 18 个人，则可以考虑增加组数。

完成分组和角色分配后，就可以基于以上信息进行第一轮模拟游戏了。但是，无论学员怎么努力，在第一轮模拟结束时，一定会发现工厂的表现和自己的期待存在很大差距。这是模拟游戏可以设置的结果。接下来带着对改善的期待，学员就进入六西格玛 DMAIC 这个问题解决的方法论的学习中。

在整个学习过程中，学员会把学到的重点工具带到模拟游戏的情景中

进行练习，逐步解决第一轮模拟时出现的问题：定义清楚第一轮的问题是什么，准确地测出问题有多严重，分析出导致问题的根本原因……最后，学员会在第二轮模拟游戏中找出最优解决方案并将其投入实践中。

第二轮模拟的规则要求（见图 4-11）与第一轮模拟唯一的区别是不再要求每个人只负责自己工位上的工作了，这是因为角色设置的改变有可能是学员生成的解决方案之一。在第二轮模拟中，学员需要在规定时间内生成解决方案和筛选解决方案，并把选出的方案带入与第一轮模拟相同的情景中进行验证，看看在第二轮模拟结束后能否成功解决问题并实现改善目标。

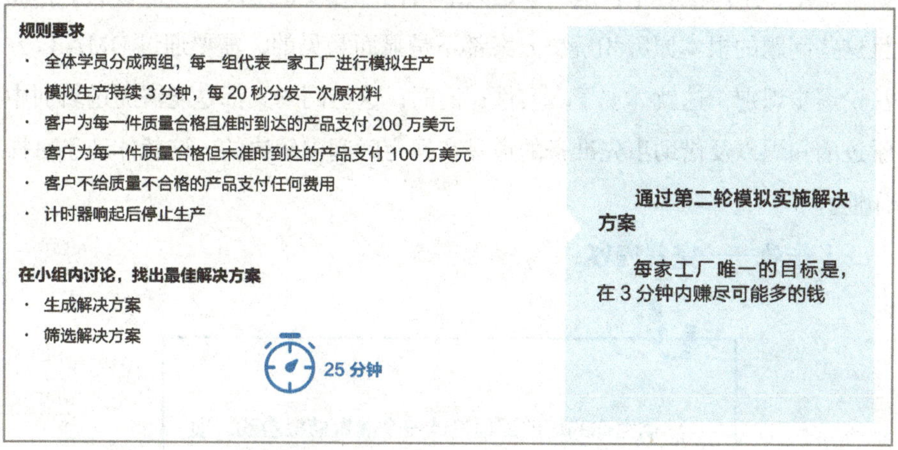

规则要求
· 全体学员分成两组，每一组代表一家工厂进行模拟生产
· 模拟生产持续 3 分钟，每 20 秒分发一次原材料
· 客户为每一件质量合格且准时到达的产品支付 200 万美元
· 客户为每一件质量合格但未准时到达的产品支付 100 万美元
· 客户不给质量不合格的产品支付任何费用
· 计时器响起后停止生产

在小组内讨论，找出最佳解决方案
· 生成解决方案
· 筛选解决方案

25 分钟

通过第二轮模拟实施解决方案
每家工厂唯一的目标是，在 3 分钟内赚尽可能多的钱

图 4-11　SkyPro 第二轮模拟的要求

关于六西格玛黄带培训中的情景模拟游戏就介绍到这里，接下来思考这个游戏的设计是如何实现真实性与可操作性的平衡的。

先来看游戏背景和工艺流程的设置。由于六西格玛黄带培训的目标学员主要来自制造业，这个模拟游戏就设置了一个飞机制造业生产加工的情景。虽然不是所有学员都来自飞机制造业，但无论是生产飞机、汽车还是食品，其流程逻辑是一样的，这就体现了真实性；同时，制造真飞机自然是无法在培训中实现的，但折纸飞机的工艺流程在培训课堂上很容易实现，具有可操作性。

再来看角色设置。在制造业的生产环境中，操作人员、承运人、质检员等角色都是真实存在的，不是杜撰的，这就体现了真实性；同时，相较于真实工作情景中模糊的工作边界、复杂的工作任务，模拟游戏中角色的任务边界是比较清晰的，学员无须花费过多时间去理解各自的角色和任务，这就体现了可操作性。

最后来看潜在改善点的埋设。这个模拟游戏的背景虽然简单，但其实埋设了多个隐藏的问题点（比如质量标准不明确、工艺流程不平衡、原材料参数不稳定、生产工具不合适、承运人的角色任务设置造成运输浪费等），而且这些问题的根本原因和解决方案都不是显而易见的，需要通过 DMAIC 方法论逐步识别，这就体现了真实性；同时，这些问题又都是能够通过培训中学过的知识以及借助事先准备的道具在规定时间内解决的，这就体现了可操作性。

∷作业——完善内容

请为你的培训课程设计一个情景模拟游戏，须包含以下信息：

· 游戏目标
· 基本规则
· 所需材料和道具列表

第 5 章

五部曲之四：

制作课件

我们将进入本书第 5 章，即课程设计五部曲的第四个步骤——制作课件。本章将介绍培训课件制作的基本原则、提高课件制作效率的三个技巧和其他常见的授课工具三部分内容。

必守的"约"和必不可踩的"坑"

本书提到的"课件制作"特指使用 PowerPoint（PPT，演示文稿软件）软件来制作培训课件。关于 PPT 的使用，我们可以轻易在网上找到很多教程，包括视频、图片、纯文字描述资料等。这些资料很多具有参考价值，但因其信息来源五花八门且侧重点各不相同，有时存在错误。为了方便大家学习，本书首先总结了培训课件制作的两个最基本的原则，大家能看到的关于课件制作技巧和建议的资料都离不开这两个原则。

● 原则一：培训课件须具备专业度和严谨性

这个原则是由培训本身的特性决定的。培训是向特定的受众传授特定的专业知识、技能、工具或方法，本身在内容上就有专业度的要求。既然培训内容有专业度的要求，那么培训课件作为传递内容的媒介，也需要具备相应的专业度和严谨性。

试想一下，学员满怀对培训内容的期待来到课堂，看到的却是杂乱、花哨甚至浮夸的课件，对整个培训课程的印象就会大打折扣。这样的负面印象也不利于学员学习后面的内容。因此，培训课程的内容再好，如果使用不具备专业度和严谨性的课件，也会对课程效果产生负面影响。

● **原则二：培训课件仅用于辅助表达，是为内容服务的**

作为培训师需要明白，培训课件仅仅是一个辅助表达和传递关键信息的工具，是作为一种形式来为内容服务的。为了提高培训课件的制作效率，很多人会使用模板，这本无可厚非，但如果对模板的过度依赖使内容被模板本身的格式所限制，就得不偿失了。

例如，某模板有四个圆圈，但这页幻灯片原本应该表达的观点只有三个，过分依赖模板的人就会为了把这四个圆圈填满而硬想出四个观点，显然是本末倒置。培训课件仅用于辅助表达，而要传递的信息本身才是真正的内容，正确的做法是根据课件内容来设计每一页幻灯片的结构。

接下来介绍在遵循上述两个基本原则的前提下，在培训课件制作过程中一定要做和一定不要做的事，也就是所谓"Must"和"Must Not"。

● **一定要做（Must）的第一条：使用母版**

母版指整套 PPT 文件的底版，可以用 PPT 自带的，也可以用网上找到的模板，或者自己创建。需要注意的是，这里的"母版"和"模板"是两个完全不同的概念。本章会在下一节就母版的使用进行深入、系统的讲解，让大家了解如何在 PPT 的设计过程中自如地使用母版。

图 5-1 所示的幻灯片是从本书对应的一套培训课件中截取的。这套课件的每一页幻灯片下面都会有一根进度条，随着课程内容的推进，当介绍到某一章的时候，进度条上对应的章标题就会高亮显示。例如，播放这页幻灯片时讲到"课件制作"这章，进度条上"课件制作"这个色块就会高亮显示。这根进度条就是在母版统一设计的，而不是在每一页幻灯片上分别设计的。

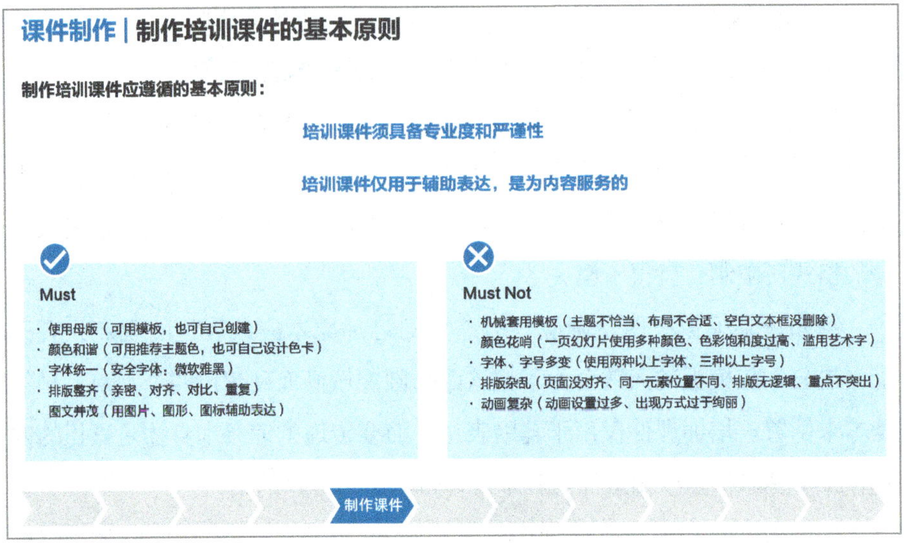

图 5-1　使用母版

● **一定不要做（Must Not）的第一条：机械套用模板**

与使用母版相对应，制作课件时必须避免的一点是机械套用模板。网上有各种各样免费的 PPT 模板，很多自带好看的布局和酷炫的动画效果，但这些看似高级的模板不一定适合每页幻灯片想表达的内容。因此，切忌机械套用主题不恰当、布局不合适的模板。

有时会看到一些已完成的课件有空白文本框，那大多来自模板，因为没有合适的内容填进去就空着。大家可以使用模板，但不要受制于模板，模板上不需要的内容应该删除，或者直接选择更适合这一页信息排列的模板。

● **一定要做（Must）的第二条：颜色和谐**

关于颜色的使用，大家可以参考网上一些配色建议，原则是保持整套课件颜色统一、和谐。大家可以使用 PPT 自带的推荐主题色系，也可以自己设计一套颜色和谐的主题色卡。当某个图形或文字需要设置颜色时，只需用取色器在对应的色块取色就行了，这样整套课件出现的所有颜色就都来自色卡。

关于色卡的使用，本章会在下一节进行详细介绍，这里就不赘述了。

● 一定不要做（Must Not）的第二条：颜色花哨

与颜色和谐相对应，在用色方面一定不要做的是让幻灯片的颜色过于花哨，要尽量避免在同一页幻灯片使用三种以上的颜色（或色系），避免使用饱和度过高的颜色（比如亮黄色、鲜绿色等），避免滥用艺术字。很多比较有年代感的幻灯片会大量使用艺术字，这在一二十年前可能是比较流行的做法，但现在，尤其是在呈现专业性较强的内容时，要尽量避免使用艺术字。

● 一定要做（Must）的第三条：字体统一

在字体的使用上，必须保持字体统一，整套课件尽量只使用一两种字体。关于字体的选择，我推荐大家使用微软雅黑。有些字体只适合中文（比如宋体、楷体等），有些字体则只适合英文（比如 Arial、Calibri 等），而无论是英文还是中文，使用微软雅黑时看起来都很和谐，这样就不需要在中英文交替时切换字体了。

● 一定不要做（Must Not）的第三条：字体、字号多变

首先，一定要避免使用过多字体、字号。建议整套课件使用的字体不超过两种。此外，字号的选用也需要注意，同一页幻灯片的字号应尽量控制在三种以内。

● 一定要做（Must）的第四条：排版整齐

关于排版，必须做到以下四点：

一是亲密。相关性强的信息要离得近一点，确保内容逻辑与视觉效果的一致性。以图 5-1 所示的幻灯片为例，同一页面的不同内容之间有一定间距，而相关性强的内容的间距比较小。比如，页面中间的两个基本原则离得就比较近，页面下方"Must"和"Must Not"包含的每一条内容的间距也比较近。

二是对齐。同一个逻辑层级的内容要横向或竖向对齐。比如，页面下方"Must"和"Must Not"包含的每一条内容都是左对齐，整个版面的左侧

边缘和右侧边缘也是对齐的。

三是对比。通过颜色或形状的对比凸显重点信息。比如，"Must"和"Must Not"这两部分的背景是浅蓝色的，但是左上方的"√"和"×"图标为深蓝色，这两种颜色的对比强调了"√"和"×"要传递的信息，而方形的背景和圆形的图标再次强化了这个效果。

四是重复。同一个逻辑层级或者颗粒度相同的信息要尽量使用相同的元素。比如，"Must"和"Must Not"这两部分内容是并列的，而在幻灯片上两个原则也是并列的，呈现效果也是一样的。

● 一定不要做（Must Not）的第四条：排版杂乱

常见的排版杂乱问题有以下四种：

一是同一页幻灯片的同一列内容没对齐。有时会看到在一页幻灯片上主标题、副标题和内容没有左对齐，虽然不影响信息的传递，但会让学员感觉培训课件制作得不够专业。

二是一套课件的不同幻灯片页面的同一元素位置不同。最明显的是每一页的标题位置都存在细微差异，这在放映某一页幻灯片时没有影响，但在翻页时就会看到标题一直在跳动，非常影响学员的注意力。

三是排版背离内容逻辑。以图 5-1 所示的幻灯片为例，如果"Must"部分的内容在左下方，而"Must Not"部分的内容在右上方，看起来就会非常奇怪，虽然传递的信息是一样的，但人为增加了学员理解的难度。这种问题往往会发生在使用不合适的 PPT 模板时。

四是重点不突出。图 5-1 所示的幻灯片想要突出的重点是两个基本原则，虽然只有两行字，但占的版面相对来说比较大。如果把这两个基本原则放在最上面，排成窄窄的一行，剩下的大块版面都用来呈现"Must"和"Must Not"的内容，那么学员可能就无法把握这一页的重点信息。

● 一定要做（Must）的第五条：图文并茂

在设计幻灯片页面时，应尽量使用图片、图形、图标等素材来辅助文字信息的表达，做到图文并茂。以图 5-1 所示的幻灯片为例，"√"和"×"

这两个图标就非常直观地传达了制作者想要传达的信息：左下方这部分内容是对的，而右下方那部分内容是错的。这样，即使不认识"Must"和"Must Not"的学员也能轻松理解。

● 一定不要做（Must Not）的第五条：动画复杂

大家一定要避免走向另一个极端：使用太多、太复杂的动画效果。建议大家除非有必要，否则就不设置动画效果。如果要设置动画，也一定是想利用动画效果来辅助表达。

以图 5-1 所示的幻灯片为例，"Must" 和"Must Not"下方的内容是一一对应的，所以在这里设置了一个简单的逐条出现的动画效果，而不是一翻到这页幻灯片，所有内容一起出现。在这种情况下，动画是为传递信息服务的，是推荐使用的。不过，这个动画效果非常简单，只用了最基础的"出现"效果，而没有使用那些过于绚丽的动画效果。过于绚丽的动画效果可能适用于某些特殊的商业场合，可以在一定程度上提高客户对要介绍的产品或服务的认可度，但在大多数情况下，尤其是在培训课件中，会让学员觉得培训内容不够严谨，甚至产生华而不实的负面印象。

接下来通过分析四组幻灯片改善的案例，给大家展示上文提到的原则在具体的幻灯片制作过程中是如何体现的。

● 制作培训课件的基本原则案例一

图 5-2　制作培训课件的基本原则案例一

图 5-2 的左图是改善前的效果。这页幻灯片想传递的重点信息是这家名

叫"597猎头"的公司具备高效、品质和专业三个优势。看到这个页面时，相信很多人会和我一样有以下感受：

首先，这页幻灯片最明显的问题是页面排列与内容逻辑不符，重点不突出。信息全部集中在页面左侧，而占了右侧半个页面的人物肖像和这家猎头公司及其三个优势并没有什么关系。

其次，没有做到版面对齐。页面最左边的"高效"边框和最下边的"品质"边框超出整个页面的边界，也是一种专业性不够的体现。

图5-2的右图是改善后的效果。当然，大家可以有不同的改善思路，这里提供的不一定是最优解，但相较于改善前，效果明显提升。那么，右图的页面做了哪些优化呢？

首先，"597猎头"这个重点信息居中排列，且用较大的字号进行强调。

其次，高效、品质和专业三个优势沿同一水平线分布，排在"597猎头"正下方，距离很近，符合排版的亲密性原则。

最后，一个戴着麦克风的人物图标代替了原来那个穿职业装的人物肖像，更能代表猎头的职业特点；而且，既没有占据过大的版面，又做到图文并茂。

如果你看到两家相似的猎头公司分别用左右两页幻灯片来展示自己，你更倾向于选择哪一家呢？答案显而易见。

● **制作培训课件的基本原则案例二**

图5-3上方的图是改善前的效果。这页幻灯片是某个培训课件中的培训师介绍，主要介绍这位培训师的教育背景和资质、工作经历、授课经历这三个方面的信息。改善前的页面看起来也算专业，似乎没有明显的排版问题，那么有哪些不足呢？一方面，这页幻灯片的内容是培训师介绍，想突出的重点信息是这位培训师的履历，但培训师的头像就占了三分之一的页面；另一方面，页面右侧一片黑色的文字很难让人迅速找到重点。

图 5-3　制作培训课件的基本原则案例二

图 5-3 下方的图是改善后的效果，我们来看看做了哪些优化。

首先，培训师的头像从占页面三分之一的尺寸缩小为原来的六分之一，并放在整个页面的左上方，留出更多空间来更详细地介绍培训师的履历。我们可以看到，改善后页面右侧的个人履历不仅多了"代表项目"这一类别，已有三个类别的内容也更丰富了。其次，培训师的名字和专长的关键词被罗列在头像的下方，能让人一眼看到这位培训师的主要优势。最后，还用长条对右边个人履历部分的四类信息做了分区，看起来更加一目了然。

● **制作培训课件的基本原则案例三**

图 5-4　制作培训课件的基本原则案例三

图 5-4 的左图是改善前的效果。这页幻灯片是某新员工培训课件中的一页，想要说明职场新人三要素是自我、人际和职业。改善前的页面看起来也不算太差，三个要素用了同一色系的文本框来展示，似乎没有太大问题，但仍有改善空间。

首先，页面的颜色太多了。其次，页面的元素也比较多，用到长方形、圆形、椭圆形等多种形状。再次，字体大小也不一致。最后，可以添加合适的图标来辅助表达，这一点很难直接从改善前的页面看出来，但和改善后的效果一对比就很明显了。

图 5-4 的右图是改善后的效果，我们来看看做了哪些优化。

首先，职场新人三要素的文本框换成了三个图标：一个单独的人形图标代表"自我"，一个人和人民币符号的组合图标代表"职业"，两个交谈者的组合图标则代表"人际"。图标非常形象地解释了职场新人三要素分别指什么。其次，在颜色的使用上，改善后的页面只用到浅蓝色、黑色和深蓝色，一共两个色系、三种颜色，看起来更简洁、专业。

● **制作培训课件的基本原则案例四**

图 5-5 制作培训课件的基本原则案例四

图 5-5 上方的图是改善前的效果。这页幻灯片是对某公司网站的介绍，想向潜在用户介绍该公司并展示其主要业务。

改善前的页面看起来也算得上图文并茂，左边的两张图片是该网站的页面截图，右边的图片是对这两张图片的介绍，好像看不出什么问题，但和改善后的页面一对比，差距就非常明显了。

图 5-5 下方的图是改善后的效果。

首先，改善后的页面更好地做到了图文并茂，用真实的手机照片作为图片边框，逼真地呈现了网站页面在手机屏幕上的实际效果，比原来的截图更形象、直观。

其次，用一根斜线对页面进行了分区，左侧的深色区域用于呈现图片效果，右侧的白色区域用于呈现文字信息，看起来整齐美观。

再次，右侧介绍网站菜单的文字信息在改善前是按行罗列的，而改善后被分成了两类，同一个类别的菜单排列得更紧密，这也遵循了排版的亲密性原则。

最后，改善后的页面多了一些合理的留白，在整体信息不变的情况下，页面看起来不像改善前那么拥挤。

如果你是这家公司的潜在用户，更喜欢哪个页面呢？相信大家会选择改善后的页面。

让课件制作事半功倍的三个技巧

上一节介绍了课件制作的基本原则和要求，并通过四组幻灯片改善前后的效果对比，给大家展示了如何应用这些原则和要求让幻灯片呈现更好的信息传递效果。除了幻灯片的效果以外，制作课件时还有一个非常关键的问题，那就是制作的速度。对培训师来说，提高课件制作的速度尤为重要。

在设计一门新的培训课程时，往往需要从零开始准备课件。通常一门6～8 小时的线下培训课程需要用几十页幻灯片，如果每一页都是逐一添加元素，一点一点对齐，想要满足上文提到的原则和要求就需要花费大量时间。而且，课件制作过程除了用 PPT 制作内容以外，还要完成收集素材和创意思考的工作，整个课程设计的周期就会很长。为了不让培训师或即将成为培训师的读者因不了解 PPT 的使用技巧而拖慢课程设计的进度，本书接下来将介绍三个可以有效提升课件制作效率的技巧。

1. 母版

● 母版的定义

母版是 PPT 的一个功能，相当于幻灯片的底版。一般来说，多页幻灯片会共用一套母版，在母版进行一次操作就可以将操作结果应用于所有使用该母版的幻灯片页面。换句话说，如果你想通过一次操作来同时完成对多页幻灯片的修改，就可以通过修改母版来实现。当然，你也可以对每一页幻灯片进行修改，但这会耗费大量时间。

● 母版的位置

母版在哪儿可以找到呢？图 5-6 显示了 PPT 的菜单栏，上面有很多标签选项，其中"视图"选项就是找到母版的起始点。

第一步，单击"视图"选项。接下来会跳出不同的选项，最常见的有"普通""大纲视图""幻灯片浏览""备注页""阅读视图"等选项，而你要找的是"幻灯片母版"选项。

第二步，单击"幻灯片母版"。此时 PPT 的视图会从默认的普通视图（左边是按顺序排列的幻灯片缩略图，右边是当前选中的幻灯片的可编辑区域）变成母版视图（左边是按顺序排列的母版版式缩略图，右边是当前选中的母版版式的可编辑区域）。

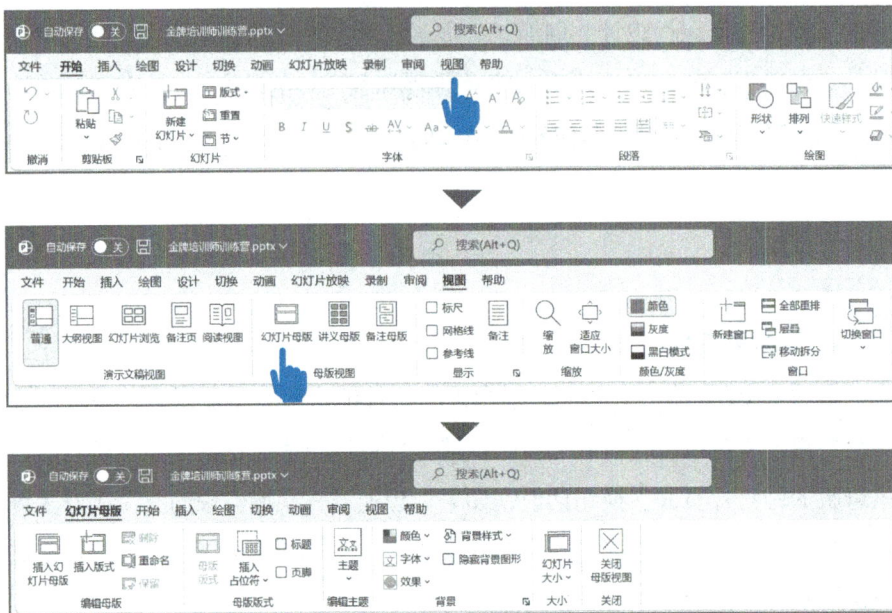

图 5-6　母版的位置

● 母版的功能

·提速

母版最主要的功能是可以加快幻灯片的制作速度。

一方面，母版可以对某个元素进行快速修改、增加和删除。例如，一套培训课件的所有幻灯片页面都在同一位置使用了同一个 Logo，现在要调整这个 Logo 的大小和位置，你就可以进入母版视图，在母版进行统一调整。在母版修改后，所有使用了这个 Logo 的幻灯片页面就都调整好了，不需要一页一页去调整，这在很大程度上提高了课件制作的效率。

另一方面，母版还可以对版式和位置进行快速修改。例如，你想让所有页面的标题都用同样的字体、字号，且都在同一位置，那你可以在母版统一修改，不必在每一页逐一修改。

·防错

除了可以显著提高制作速度以外，母版还有防错功能。如果幻灯片页面的某个元素是在母版添加的，那么想修改该元素，也要进入母版视图进行修改，无法直接在幻灯片页面修改。因此，在母版添加元素可以避免由于误操作而改变某个元素的位置或者将其误删的情况。

● **其他注意事项**

使用母版时要注意，在母版的操作会自动应用于所有使用了该母版的幻灯片，无论它们处于什么位置或者是否连续分布。有时你只想修改相邻几页幻灯片，但没注意到前面几页也用了同一个母版，在母版修改就会一并改掉本不想修改的幻灯片。

反之，在某个母版的操作只会应用于使用了该母版的幻灯片，对那些没有使用该母版的幻灯片则没有影响。有时你误以为几页看起来相似的幻灯片用了同一个母版，于是就在这个母版进行调整，结果就会有遗漏。

2. 色卡

● **色卡的定义**

色卡指在幻灯片编辑过程中的颜色参照，有助于统一整套课件的色彩风格。也就是说，在编辑幻灯片的过程中，图形、文字、图标等所有可以更改颜色的元素，都可以在提前设置好的色卡中提取颜色进行修改。如果你提前设计好了色卡，在整套课件的制作过程中都只从这套色卡取色，那么这套课件的颜色就会和谐统一。

● **色卡的位置**

一般会把色卡放在母版里进行编辑，这样在普通视图下进行常规编辑时，就不会因为误操作而把它删除或改变了。当然，在普通视图下，你依然可以在同样位置看到编辑好的色卡，并且可以使用取色器进行取色。图 5-7 展示了在母版视图下和普通视图下色卡的位置。

图 5-7　色卡的位置

图 5-7 所示的这套金牌培训师课件的主色系是蓝色系，同时搭配了用于强调的深灰色和基础色——黑色。在两个视图中，页面右侧的色卡是提前设置好的，制作时先将固定好颜色的图形纵向排列，然后在母版视图中把这些小图形组合成一个元素，放在放映页面以外某个合适的位置（比如紧挨页面右侧边缘）。如果想更改、添加或删除其中某种颜色，也要在母版视图下操作。

若想在制作幻灯片内容时使用色卡，就要把母版视图切换成普通视图。在普通视图下，你依然可以看到在同样的位置有色卡，区别在于：在母版视图下，你可以对色卡进行编辑，而在普通视图下无法修改。不过，在普通视图下，你可以通过取色器来提取色卡上的颜色，用于文本、图形、图标等。

● **色卡的功能**

色卡的主要功能是取色，便于统一整套课件的风格。举例来说，你想把图 5-8 这套课件的章标题"课件制作"的颜色改为色卡最上方的深蓝色。虽然更改字体颜色的方式有很多（比如从主题色里选，从标准色里选，从近期使用的颜色里选等），但若想保证整套课件用的蓝色是一模一样、丝毫不差的，最方便快捷的方式就是使用取色器从色卡提取颜色。你只需选中"课件制作"，再用取色器提取色卡最上方的深蓝色，就可以把这四个字的颜色改为深蓝色。

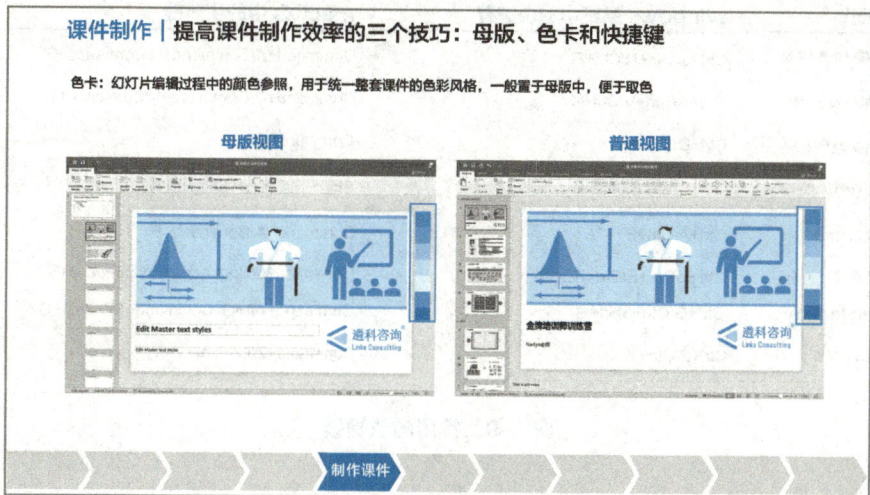

图 5-8 色卡的功能

3. 快捷键

● **快捷键的定义**

快捷键指通过点击键盘上的特殊按键（组合）来完成一个操作，快速实现本应需要多次点击鼠标才能实现的功能。不同的计算机操作系统及软件都有相应的快捷键规则，本书介绍的快捷键仅针对 Windows 系统和 macOS 中的课件制作软件。

● **快捷键的功能**

快捷键可以把你的手从鼠标上解放出来。你在出差途中（比如在飞机上或高铁上）需要制作课件的时候，如果可以熟练使用快捷键，是不需要带鼠标的。此外，使用快捷键还有助于节省大量的操作时间。熟练掌握快捷键的使用方法后，制作课件可以节省一半以上的时间。

● **常用的快捷键**

本书罗列了在 Windows 系统和 macOS 中常用的快捷键，下面将按照图 5-9 所示的分组来介绍。

操作	Windows 系统中的快捷键	macOS 中的快捷键
保存 / 新建 / 查找	Ctrl+S/Ctrl+N/Ctrl+F	Command+S/Command+N/Command+F
复制 / 粘贴 / 剪切	Ctrl+C/Ctrl+V/Ctrl+X	Command+C/Command+V/Command+X
快速复制	Ctrl+D	Command+D
平行移动 / 平行复制	Shift+ 拖曳 /Ctrl+Shift+ 拖曳	Shift+ 拖曳 /Ctrl+Shift+ 拖曳
全选 / 加粗	Ctrl+A/Ctrl+B	Command+A/Command+B
靠左 / 居中 / 靠右	Ctrl+L/Ctrl+E/Ctrl+R	Command+L/Command+E/Command+R
组合 / 取消组合	Ctrl+G/Ctrl+Shift+G	Command+Alt+G/ Command+Alt+Shift+G
撤销 / 恢复	Ctrl+Z/Ctrl+Y	Command+Z/Command+Y

图 5-9　常用的快捷键

·保存 / 新建 / 查找

需要注意的是，这组操作针对的是整个课件文件，而其他操作针对的是文件中的具体内容。

先来看"保存"功能。相信很多人在使用软件时都遇到过计算机或软件突然出现问题的情况，如果前面输入的内容没有及时保存，可能几小时甚至几天的工作就白做了。所以，在制作课件的时候，一边制作一边保存是个很好的习惯。如果你习惯每过一分钟就保存一下，而频繁地点击"保存"选项又很麻烦，此时若能熟练使用"保存"操作的快捷键，就会大大节省时间。Windows 系统中"保存"操作的快捷键是"Ctrl+S"，而在 macOS 中则是"Command+S"。

再来看"新建"功能。有时，你制作课件时需要临时新建一个文件，就会进行"新建"操作。如果按照常规的操作路径，你需要先点击菜单栏里的"文件"，然后点击下拉菜单里的"新建"，这需要 5～6 秒。但是，如果你熟悉"新建"操作的快捷键，只需按一下"Ctrl+N"（Windows 系统）或"Command+N"（macOS）就行了，仅需 0.5 秒。

最后来看"查找"功能。在编辑某一页幻灯片时，如果你想参考同一课件文件的相关内容，只需确定关键词，按一下"Ctrl+F"（Windows 系统）

或"Command+F"（macOS），再把关键词输入页面右上角的搜索框中，就可以迅速找到该文件中包含这个关键词的所有内容。

· 复制 / 粘贴 / 剪切

"复制""粘贴"和"剪切"是很基础的一组操作，平时用得最多，这里不再赘述。如果是 Windows 系统，其快捷键分别是"Ctrl+C""Ctrl+V"和"Ctrl+X"；如果是 macOS，就把"Ctrl"键换成"Command"键。

· 快速复制

还有一个比复制更方便的操作，叫作快速复制。"快速复制"就是把"复制"和"粘贴"这两个操作合并成一个操作，也就是一键复制粘贴。其在 Windows 系统中的快捷键是"Ctrl+D"，而在 macOS 中则是"Command+D"。原来进行复制粘贴需要操作两次，现在操作一次就行了，节省了一半时间。

"快速复制"操作还有一个好处：可以人为地改变复制方向以及复制对象出现的位置。在不做任何操作的情况下，不管是按"Ctrl+C"后再按"Ctrl+V"，还是直接按"Ctrl+D"，默认的复制方向都是右下方 45度。如果按"Ctrl+D"复制了第一个对象后，人为地改变它的位置，比如由默认的右下方 45 度位置改为与原来的被复制对象左对齐，然后连续按"Ctrl+D"，复制方向就会从右下方 45 度变为竖直方向。

· 平行移动 / 平行复制

当你想改变某个对象的位置时，可以用鼠标或触摸盘进行拖曳，该对象就会按照拖曳轨迹移动。但在拖曳时，你无法精确地控制被拖曳对象的移动方向。

如果按住"Shift"键后再拖曳某个对象，则其移动方向一定是水平的或竖直的。如果是上下拖曳，页面就会沿原对象的左右边缘出现两条竖直的辅助线，这时只能沿竖直方向上下拖曳；如果是左右拖曳，页面则会沿原对象的上下边缘出现两条水平的辅助线，这时只能沿水平方向左右拖曳。

"平行复制"操作就是同时按住"Ctrl"键和"Shift"键，再将某个对象拖曳到某个位置，该对象就会被复制到其竖直或水平方向的位置。

·全选 / 加粗

"全选"也是经常会用到的一个操作，其快捷键是"Ctrl+A"（Windows系统）。如果光标在某页幻灯片上，按此快捷键，则该页面的所有内容就会被选中；如果光标在某个文本框中，按此快捷键，则只会选中框中的文字。

经常与"全选"操作搭配使用的是对文本进行加粗：首先全选某个文本框中的内容，然后按"Ctrl+B"（Windows系统），选中的文字就加粗了。在macOS中，只需把"Ctrl"键换成"Command"键即可。

·靠左 / 居中 / 靠右

这组快捷键是针对文本内容的"对齐"操作。先选中某段文字，在Windows系统中按"Ctrl+L"，这段文字就会左对齐；按"Ctrl+E"，就会居中；按"Ctrl+R"，就会右对齐。在macOS中，只需把"Ctrl"键换成"Command"键即可。

·组合 / 取消组合

这组快捷键可以帮助我们快速将多个对象组合成一个整体，或将由多个对象组合成的整体进行拆分。在Windows系统中，"组合"和"取消组合"操作的快捷键分别是"Ctrl+G"和"Ctrl+Shift+G"，而在macOS中则分别是"Command+Alt+G"和"Command+Alt+Shift+G"。

·撤销 / 恢复

"撤销"和"恢复"这组操作是针对误操作的。"撤销"指取消前一步操作，"恢复"则指取消撤销。在Windows系统中，其快捷键分别是"Ctrl+Z"和"Ctrl+Y"，而在macOS中则分别是"Command+Z"和"Command+Y"。

下面为大家准备了上述PPT制作技巧的演示视频。

请扫描视频5-1的二维码或扫码后回复关键词"161515"，查看在课件制作过程中如何使用母版、色卡和快捷键的操作演示视频。

视频 5-1　母版、色卡和快捷键的操作演示

∷作业——提高课件制作效率的三个技巧

请完成 1～3 页课件制作，制作时请使用母版和色卡，并注意以下要求：

· 版式规整
· 色彩简单
· 字体统一

除了课件以外，还能用什么授课

本章的主题是课件制作。在大多数培训中，培训师呈现信息的主要工具是课件，但也会用到其他工具。下面就为大家介绍最常见的四种工具。

● **白板**

白板，如图 5-10 所示。培训师可以通过在白板上书写，将某个知识点的推演过程动态呈现出来。

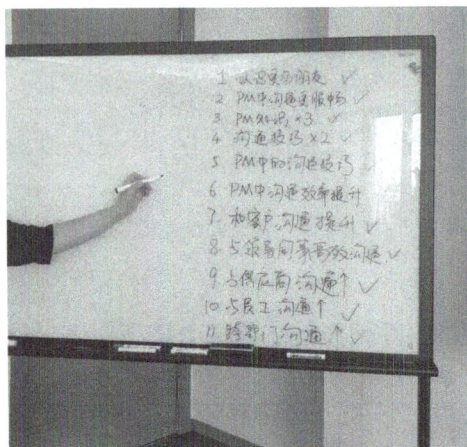

图 5-10　白板

相较于课件，白板似乎有些过时，但也有独特的优势。首先，作为一种传统的视觉呈现工具，白板不会受设备故障的影响。培训师在使用课件的时候，经常会遇到投影仪或显示器出故障的情况，而使用白板就不会有这种困扰。其次，相较于一次呈现大量信息的课件，培训师在白板上书写的过程给了学员更多时间去理解和吸收信息。再次，培训师在白板上一边书写一边讲解，也增强了课堂的互动性。最后，培训师在不停翻动课件展示信息的同时，如果能把学员需要一直参考的信息（比如前提假设、基本原理、重要公式等）写在白板上，放在旁边展示，也能起到很好的提示作用。

不过，白板也有局限性。首先，白板笔书写的字迹可能因颜色过浅导致看不清楚，而且一不小心就会被擦除。其次，白板的面积有限，能书写的信息量也有限。最后，白板上的信息无法进行电子存档，只能通过抄笔记或拍照储存，很不方便。受制于这些明显的短板，在职场培训中，白板一般只会作为辅助工具来使用。

● **活动挂图**

活动挂图，如图 5-11 所示。和白板一样，活动挂图也有些过时，但迄今为止，它仍是最有效、最实惠的培训工具之一。

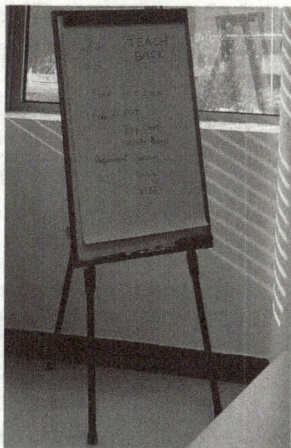

图 5-11　活动挂图

活动挂图有一定优势。首先，活动挂图和白板一样，不会受设备故障的影响，培训师可以在各种环境下使用。其次，活动挂图给了学员更好的互动体验，有经验的培训师可以在上面展示更丰富的视觉信息，以帮助学员理解。再次，活动挂图不受面积限制，可以一直翻页，不像白板那样写完一个版面后要先擦掉才能写新的内容。最后，活动挂图每一页都是可移动的，培训师可以将其撕下来贴在教室四周的墙上，学员可以随时参考。

关于活动挂图的使用，这里给大家分享一个小技巧：如果需要一次性展示很多内容，培训师可以提前用铅笔在活动挂图的每一页浅浅画出草稿，学员不会看到这些草稿，但它们可以给予培训师很好的提示。

不过，活动挂图也有局限性。首先，它对培训师的手绘能力和控场能力有极高的要求。在培训现场快速、准确地将培训内容绘制出来，并非每位培训师都能做到。其次，活动挂图不能像课件那样重复使用，且需要用大量纸张，不符合环保理念。

● 交互屏

交互屏又称交互白板，如图 5-12 所示。交互屏很好地结合了课件和活动挂图的优点。

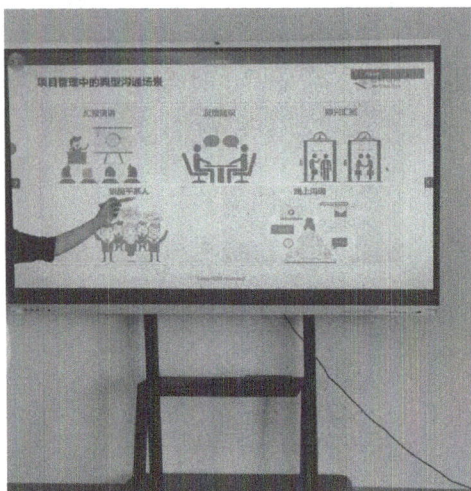

图 5-12　交互屏

交互屏有一定优势。首先，培训师通过使用交互屏的"批注"功能，可以像使用白板或活动挂图一样，将某个知识点的推演过程在现场呈现出来，互动性更强，更能吸引学员的注意力，从而达到更好的培训效果。其次，使用交互屏时可以在制作好的课件的基础上批注，不需要全部现场手写，这对培训师的手绘能力和控场能力的要求就适当降低了。再次，很多交互屏都有保存板书的功能，培训师可以一边写一边发给学员，大大节省了学员抄笔记或拍照再誊写的时间，极大地提高了培训效率。最后，无纸化的操作也使交互屏符合当前大多数公司的环保理念。

不过，交互屏也有局限性：一方面，目前很多交互屏在书写时会延时，不能同步展示书写过程；另一方面，交互屏的使用成本相对较高，65 英寸（约等于 165.1 厘米）以上的售价大多在一万元以上。不过，相信随着科技的进步，这两个局限性可以很快被突破。

● **牛皮纸**

牛皮纸，如图 5-13 所示。牛皮纸主要用于工作坊式培训中，作为可移动、可延展的底板来收集参与者的输入，并将大家共同创造的结果呈现出来。

图 5-13　牛皮纸

　　例如，使用鱼骨图、泳道图、价值流程图等需要大面积可视化版面的工具时，常常会用到牛皮纸。当然，这种情况也可以使用白板，但牛皮纸的优势更明显。首先，牛皮纸的表面更粗糙，便利贴更容易粘在上面。其次，牛皮纸的使用面积比白板大。最后，牛皮纸可以移动，也便于保存。

　　接下来通过分析四个培训中的真实场景来了解上文提到的授课工具是如何搭配使用的（见图 5-14）。

图 5-14　常见的授课工具

从图片①可见，培训师以使用投影仪放映课件为主，同时将白板作为辅助工具。在讲到一些知识点，需要补充说明、展示示例、进行演算时，或是遇到需要展示的互动环节时，培训师就可以在白板上进行手绘或贴纸展示。

从图片②可见，培训师也是以使用投影仪放映课件为主，同时将活动挂图作为辅助工具。在讲到一些知识点，需要补充说明、展示示例、进行演算时，培训师就可以在活动挂图上展示。

从图片③可见，培训师也是以使用投影仪放映课件为主，同时将牛皮纸作为辅助工具。在培训过程中，如果培训师需要带着学员一起呈现大版面的输出结果，墙上的牛皮纸就可以派上用场。

从图片④可见，培训师以使用交互屏为主，一边放映课件，一边在交互屏上批注。这样既不耗费过多时间，又便于学员理解。

第 6 章

五部曲之五：

持续改进

我们将进入本书第 6 章，即课程设计五部曲的最后一个步骤——持续改进。本章将介绍新课试讲与验收和长期授课过程中的持续改进两部分内容。

通过考验：新课试讲与验收

如果认真阅读了本书前面的内容，相信你已经知道如何设计一门培训课程了。在完成课件制作后，课程设计的部分基本上就完成了，但还有一个非常关键的步骤，那就是持续改进。

课程设计中的持续改进包括两部分内容：一部分是一门课程刚刚设计完成后，在正式交付前的新课试讲与验收，主要是对试讲时发现的问题的改进；另一部分是在完成新课试讲与验收后，在长期授课过程中的持续改进。

我们先来看第一部分——新课试讲与验收。

新课试讲与验收有两个目的：一是纠正问题。这是针对课程内容而言的，有助于培训师在正式授课前发现课程设计中存在的问题，并及时纠正。二是练习和彩排。这是针对培训交付而言的，可以让培训师进行现场练习和彩排，以熟悉新课程的现场氛围、授课节奏、学员提问等。这些在前面的环节中是感受不到和接触不到的，有助于培训师更好地完成培训交付。

基于这两个目的，我们来了解一下新课试讲与验收的流程。完整的新课试讲与验收流程分为五个步骤，如图 6-1 所示。

第一步：组织准备 〉第二步：试讲交付 〉第三步：收集反馈 〉第四步：优化调整 〉第五步：培训验收

图6-1　新课试讲与验收流程

● **第一步：组织准备**

对于试讲，培训师要像对待一场正式的培训一样，精心安排组织准备工作。在组织准备时，首先要明确试讲的目的和目标，然后根据课程五线谱准备培训的物料，以及准备着装并完成教室布置。这和每一场正式培训开始前要做的准备工作一样。

培训交付四要素的第一个要素是课前准备，"下篇"第一章会对培训前的准备工作进行详细讲解。大家在阅读完那一章后，可以回到这里阅读与组织准备有关的内容，就会对试讲的准备工作有更深入的理解。

除了完成和正式培训一样的常规准备工作以外，培训师在试讲前还要邀请合适的听众，并告知试讲的目的和具体要求。哪些人是合适的试讲听众呢？主要有以下三类人员：

第一类是目标学员代表。如第2章所述，在课程设计伊始，目标学员就应该确定好了。培训师可以在目标学员群体中邀请几位代表作为试讲听众，他们给出的反馈往往能代表这门课程目标受众的心声。

第二类是培训专家代表。培训师可以邀请有丰富授课经验的培训专家作为试讲听众，比如企业内部的资深内训师和外部的培训顾问，他们可以对课程的逻辑性和授课技巧给出建议。

第三类是业务专家代表。比如，与培训主题相关的业务部门的领导、骨干等，他们可以对课程内容的准确性和完整度给出建议。

● **第二步：试讲交付**

试讲交付指试讲从开始到结束的整个过程。在这一步，培训师应按照课程设计的内容给事先邀请的听众试讲。试讲交付必须完全按照正课交付的流程和标准来进行，像情景模拟、小组练习、学员互动等环节都不能跳过，真正做到一比一还原。只有这样，培训师才能发现培训交付过程中可能会出现的问题。

除此之外，在整个试讲的过程中，培训师还要在课程五线谱的时间线上记录讲解每部分内容的实际用时，在试讲后对事先预计的各部分用时进行修正，从而得到更准确的时间线，用于指导正式的培训。

● **第三步：收集反馈**

在试讲交付结束后，培训师将通过问卷调查或研讨会的形式收集听众的反馈。在收集反馈时，培训师可以参考以下问题进行提问：课程内容是否存在错误？课程内容是否有遗漏？课程内容的广度和深度是否合适？案例或模拟练习是否符合实际？课程的时间分配是否合理？授课方式是否易于理解？本课程是否存在不符合学员预期的内容……

如果是用问卷调查的形式收集反馈，就要提前设计好问卷，在试讲交付结束后分发给受访者。如果是用研讨会的形式收集反馈，则可以在会上提出这些问题，让大家一起讨论。

● **第四步：优化调整**

根据第三步收集到的反馈信息，培训师将对课程内容、授课方式等进行优化调整。培训师可以从两方面进行调整：一是内容的调整，主要包括纠正课件的错误内容、增减内容、更新案例等；二是授课方式的调整，主要包括调整时间安排、设计新的教学方法等。

如果调整幅度比较大，则有必要安排第二次试讲。也就是说，培训师需要先对课程进行优化，优化完后，如有必要，再把第一步到第四步的过程重复一遍。

● **第五步：培训验收**

一门新课通过培训验收后，就可以作为一门正式的课程交付了。培训验收分为两方面：一是验收课件本身的成熟度如何，是否可以作为一个正式的课件使用；二是验收培训师的成熟度如何，能否作为一名正式的培训师去交付这门课程。验收决定一般是由培训专家代表和业务专家代表组成的委员会做出的。

精益求精：长期授课过程中的持续改进

当一门课程完成新课试讲并通过验收后，就可以正式投入使用了。然而，这门课程只是完成了原始设计，在投入使用后的长期授课过程中仍有必要持续进行优化和改进，以应对外部的环境变化和内部的学员反馈。一方面，在当今这个信息高速迭代的时代，外部的环境、政策甚至知识点本身都在随时发生变化，新的信息层出不穷；另一方面，在每场培训交付的过程中，不同学员会给出基于自身视角的反馈……这些都推动着培训师及时更新和优化课程，使之与时俱进。

接下来了解长期授课过程中的持续改进。在长期授课过程中，培训师应根据每场培训交付的实际情况或固定周期，遵循 PDCA 循环（见图 6-2），对培训课程的内容和形式进行改进。

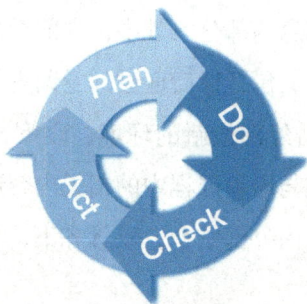

图 6-2　PDCA 循环

PDCA 循环是美国质量管理专家沃特·A.休哈特（Walter A. Shewhart）率先提出的，由爱德华兹·戴明（Edwards Deming）采纳、宣传并进行推广普及，所以又称戴明环。全面质量管理的思想基础和方法，其依据就是 PDCA 循环。PDCA 循环指将质量管理分为 Plan(计划)、Do(执行)、Check(检查) 和 Act(处理) 四个阶段，在质量管理活动中要求各项工作都按照如下步骤开展：制订计划，实施计划，检查实施效果，然后将成功的纳入标准，不成功的留待下一个循环去解决。这一工作方法是质量管理的基本方法，也是企业管理各项工作的一般规律。

PDCA 循环在长期授课过程中的持续改进方面也很适用。

● Plan（计划）

计划指每场培训的课前准备，一般包括检查"培训包"、了解培训对象、准备培训场地、准备培训师着装四方面工作。这些内容会在"下篇"进行详细介绍。

● Do（执行）

执行指每场培训的交付，一般包括培训开场、培训控场和培训结尾。这些内容也会在"下篇"进行详细介绍。

● Check（检查）

检查指查找问题，也就是查找培训课程的改善点，一般包括收集内部学员反馈和比对外部最新信息两部分。其中，内部学员反馈既包括在课堂上记录下来的学员主动反馈，又包括课后通过问卷调查等形式主动收集的学员反馈。外部最新信息则包括外部最新的环境、政策、知识、案例等方面的变化。培训师要将这些变化与培训课程中的相关内容进行比对，以判断是否需要对培训课程进行更新。内外部结合，双管齐下，有助于培训师找到尽可能全面的潜在改善点。

● Act（处理）

处理指针对上一个步骤中找到的潜在改善点制定具体的改善措施并实

施。比如，修改培训课程中的知识点，结合时事更新案例，增加新的互动练习等。

：作业——持续改进

　　请基于已制作好的课件完成试讲，每人试讲时间为 10 分钟。

下篇

培训交付四要素

第 7 章

四要素之一：

课前准备

我们将进入本书第 7 章，即培训交付四要素的第一个要素——课前准备。本章将介绍检查培训物料——"培训包"、了解培训对象、准备培训场地、准备培训师着装四部分内容。

知己：检查培训物料——"培训包"

课前准备的第一步是准备好物料——"培训包"，也就是做到知己知彼中的"知己"。在每场培训开始前，培训师要仔细检查"培训包"，确保培训中需要用到的所有物料都准备好了。这里的"培训包"打了引号，因为它不是我们常说的书包或背包，而是指培训中需要用到的所有物料的集合。

"培训包"中的物料主要包括以下几类：

● 电子版材料

电子版材料主要有以下三种：

第一种是最新版的课件。这里强调"最新版"，是因为培训师在持续改进的过程中会定期对课件进行优化和更新，课件可能有不同版本。在培训开始前，一定要确保打开的是最新版的课件。建议培训师在更新与培训相关的电子版材料时，给每个版本的文件名加上更新日期。

第二种是培训中需要展示的其他素材，包括演示视频、案例素材以及补充说明的图片、表格等电子文档素材。虽然它们没有在课件上呈现，但仍需给学员展示。

第三种是课程设计时制作的课程五线谱。课程五线谱上的信息能有效地帮助培训师把握整个课程的节奏。因此，准备好课程五线谱能为培训师开展培训提供很好的参考。

● **纸质版材料**

纸质版材料有以下三种：

第一种是供学员参阅的纸质材料，包括教材、学员手册、案例等需要发给学员的阅读材料。

第二种是与培训流程相关的打印材料，包括签到表、培训日程表、学员和培训师的名卡、供学员填写的反馈表等。

第三种是情景模拟中需要用到的各种特殊纸质材料。这类材料的准备完全取决于某个具体的情景模拟的设计规则。例如，前文提到的SkyPro情景模拟案例设置了不同的角色，每个角色都需要一份岗位作业指导书，其中"客户"这个角色还需要记录每件产品到达的时间和质量，因而需要一份特殊的记录表格。这些都是这个情景模拟案例需要用到的特殊纸质材料。针对这类材料，培训师可以根据实际的情景模拟设计规则单列一个清单，记录每份材料的名称和数量，然后逐一准备好所需材料。

● **其他教具 / 工具**

其他教具 / 工具包括以下三种：

第一种是授课的基本工具，包括计算机、电源线、投影仪的连接线、激光笔、活动挂图上的白纸、铅笔和橡皮擦、马克笔等。前面几种工具大家比较熟悉，这里对最后三种工具稍作解释。

培训教室里一般有活动挂图的架子，但白纸不一定够用。如果培训中需要用到活动挂图，就要和教室管理者确认白纸是否足够。准备铅笔和橡皮擦主要是为了方便培训师在活动挂图上提前打草稿。至于马克笔，可能很多人认为不需要准备，因为培训教室里一般有，但经常发生的情况是教室里原有的马克笔不能用。因此，建议培训师提前准备好能书写流畅的马克笔，以防万一。

第二种是分组练习的道具，比较常见的有白板纸、胶带、便利贴、计时器等。

第三种是情景模拟中所需特殊道具。和前面提到的情景模拟中所需特殊纸质材料类似，特殊道具的准备也要取决于具体的情景模拟设计规则。还以SkyPro这个情景模拟为例，第一轮模拟时，学员需要用剪刀在纸飞机右侧机翼剪一个圆孔，而第二轮模拟时，培训师需要提供打孔器作为提升效率的一个潜在工具，因此剪刀和打孔器需要在培训开始前就准备好。

情景模拟所需特殊纸质材料和道具一定要再三检查确认。因为前文提到的其他材料和教具万一忘记准备了，在现场打印或临时寻找替代物可能还来得及，而特殊纸质材料和道具往往很难找到替代物。

在准备和检查"培训包"的过程中，培训师可以再次熟悉培训内容和整个培训流程，从而做好内容上的准备。因此，检查"培训包"是非常关键的一步，也是做好课前准备的第一步。培训师一定要先确认"培训包"中的物料都准备好了，再去培训现场。

∶作业一 ——课前准备

请为你的培训课程准备"培训包"。

知彼：了解培训对象

　　课前准备的第二步是了解培训对象，也就是做到知己知彼中的"知彼"。在"确立目标"那一章已经介绍了"了解培训对象"这一主题，这里再次提及并不重复，因为在课程设计之初与在某场培训开始前了解培训对象的目的和所了解的培训对象是不同的。

　　在课程设计之初了解培训对象，目的是了解潜在培训对象的群体特点和整体需求，从而帮助培训师更合理地设立培训目标，继而更好地设计培训内容。这里的培训对象指可能会参加这门培训课程的整个群体。例如，某门课程的目标学员是部门经理，那么公司所有的部门经理都是该课程的潜在培训对象。在课程设计之初了解部门经理的整体特点和需求，可以让设计出来的课程适合大多数将来可能参加这门课程的部门经理。

　　然而，在某场培训开始前了解培训对象（已经报名参加该场培训的具体人员），目的是帮助培训师根据学员的具体情况预估课堂氛围和学员状态，并做好准备。有时培训师还要根据了解的情况对课程内容进行微调，从而更好地满足学员的期待。

　　例如，同是一门针对部门经理的培训课程，某场培训的报名学员大多是刚升职的经理，管理经验不是很丰富，但学习新知识的积极性很强；而另一场培训报名的大多是比较资深的部门经理，管理经验很丰富，但他们可能会对不符合自身经验的培训内容发出质疑甚至挑战。因此，培训师面对这两批不同的学员时，无论是课程内容的安排还是授课方式，都应该进行有针对性的调整。

　　那么，在一场培训开始前，培训师需要了解培训对象哪些具体信息呢？这时要了解的信息与课程设计之初要了解的培训对象群体的信息相似。首先，培训师要了解学员的姓名、性别、年龄层、工作经验、职位层级、教育背景等基本信息。其次，培训师还要了解学员对该课程相关主题的了解程度、对本次培训的期待、工作中的真实痛点以及希望解决的问题的优先级等深层次的信息。这些信息可以通过要求学员在报名时填写课程调查问卷来获取。

知环境：准备培训场地

课前准备的第三步是准备培训场地，主要包括选择合适的教室布局以及将设备调试到最佳状态。通过前两步的准备工作做到知己知彼后，接下来还要提供优质的培训环境，尽可能让学员在最舒适的环境和氛围中获得最好的学习效果。

1. 准备"战场"：选择合适的教室布局

"布置教室"这个准备工作包括但不限于预订合适的培训教室、提前改变桌椅布局、增减桌椅数量等。不同的培训适合不同的教室布局。常见的教室布局有六种，各有优缺点，适合不同场景，接下来将逐一介绍。

● **第一种：U形布局**

U形布局如图7-1所示，学员围绕由几张长条桌排成的U形结构的最外围就座，培训师可以站在U形开口的前方或中间区域授课。

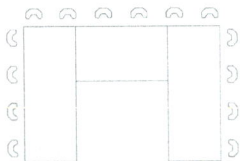

图 7-1　U 形布局

· 优势

作为职场培训中最常用的教室布局之一，U 形布局的优势非常明显。

首先，培训师的活动范围比较广，方便和学员互动。基于其形状特点，U 形布局对培训师来说是一种"进可攻，退可守"的教室布局："进"可以进到 U 形区域内，与学员进行近距离的互动；"退"可以退到传统的授课位置去讲授一些比较严肃的理论知识。

其次，当培训师站在 U 形内部的活动区域时，和后排的学员也能离得很近，避免了后排学员听不清楚的情况。

最后，从学员的角度来看，在 U 形布局中，参与感比较强，随时可以近距离接触到培训师并与之互动。

· 劣势

首先，学员之间的交流在一定程度上受限。虽然培训师可以进入 U 形内部的活动区域与学员互动，但是部分学员之间离得比较远，只能与相邻的两个人互动，跟其他人的交流很不方便。

其次，U 形布局对培训师的控场能力要求非常高。当培训师位于 U 形内部的活动区域时，同时面对三个方向的学员，必须足够自信且能够适应学员的目光，才能比较自如地站在那里授课。而且，培训师需要同时关注三个方向的学员，兼顾他们提出的问题，因而需要非常强的控场能力来支撑。

最后，当培训师站在 U 形开口的前方时，坐在 U 形结构两侧的学员需要扭着头听课，不太舒服。

· 推荐使用场景

U 形布局适合培训师和学员需要频繁互动而学员之间不需要太多互动的培训，学员一般为 10～30 人。

● **第二种：会议室布局**

会议室布局如图 7-2 所示，是由几张长方形或正方形实心桌拼成的一个大的方形结构，学员围绕这个方形结构的三条边就座，培训师则站在没有学员就座的第四条边处，面向学员授课。

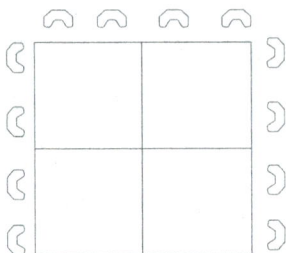

图 7-2　会议室布局

· 优势

首先，这种教室非常容易布置，很多会议室的原始布局就是这样的，因此培训师不需要像 U 形布局那样提前去教室摆放桌椅。

其次，学员围绕方形结构就座，培训师站在前方可以看到每位学员，有利于在授课过程中监控现场情况。

最后，会议室布局还有一个看起来不那么明显的优势，有时却对培训很有帮助：拼起来的桌子中间是实心的，上面可以摆放很多东西，便于学员摆放或者传递一些在培训过程中需要共享的资料，也便于多人同时使用一份资料。而在 U 形布局中，虽然学员面前的桌子也可以摆放资料，但如果要将资料传递给其他人，只能沿 U 形的边缘传递，很不方便。

· 劣势

首先，和 U 形布局一样，部分学员相隔较远，只方便与左右两边的人互动，与其他学员的互动则非常受限。

其次，坐在两侧的学员需要全程扭着头听课，不太舒服。

最后，培训师只能站在教室前方，与学员的互动很受限，不像 U 形布局中可以在内部的活动区域走动。

· 推荐使用场景

会议室布局适合权威性比较强、无须太多互动的培训，学员一般为 3～20 人。

● **第三种：岛形布局**

岛形布局如图 7-3 所示，几张不大的圆桌（或方桌）不规则地排列在教室里，学员围坐在桌子周围，面向培训师。学员围坐的桌子就像一个个小岛一样，分布在整个教室里，培训中可以按照学员的位置自然地分成几个小组。

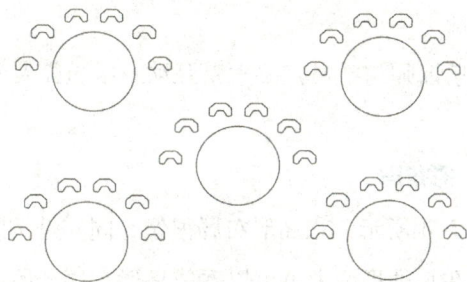

图 7-3　岛形布局

· **优势**

首先，岛形布局非常便于培训师与学员互动，甚至比 U 形布局更方便。在 U 形布局中，培训师只能走到 U 形内部的活动区域，而在岛形布局中，则可以在不同"小岛"之间的空隙来回走动，非常方便与每位学员互动。

其次，由于岛形布局的结构特点，所有学员自然而然被分成几个小组，围绕同一张桌子就座的学员自动组成一个小组，便于小组成员交流和互动。

最后，因为有这种自然形成的分组，岛形布局非常适合分组活动的展开，比如分组模拟游戏、分组练习、分组互动等。在岛形布局中，每位学员与培训师及其他学员之间的互动都很方便，因此参与感比较强。

· **劣势**

首先，岛形布局的就座形式特殊，部分学员需要频繁地转头或转身。当学员们自然地围坐在桌子周围时，每个人都是正对着桌子中心的，但当培训师站在教室前面授课时，坐在桌子侧边的学员就需要转头或转身才能看见培训师。如果一直面对培训师，学员就不方便在桌上记笔记或者和小组成员讨论。因此，在整个培训过程中，这些需要长时间转头或转身的学员可能会觉得有些难受。

其次，岛形布局的空间利用率比较低。毫无疑问，岛形布局给了培训师走动的空间，但恰恰因为这些空间的存在，在需要容纳同等人数的情况下，相较于U形布局和会议室布局，岛形布局需要更大的空间。

· 推荐使用场景

岛形布局适合培训师与学员需要频繁互动且学员需要分组的培训，学员一般为15～30人。

● 第四种：V形布局

V形布局如图7-4所示，和岛形布局很像，同样是按照桌子的排列自动把学员分成几组，在某种程度上也可以看成岛形布局。不过，和岛形布局随机摆放桌子的形式不同，V形布局的桌子是按照V形结构排列的，相对而言更加规整，培训师站在V形的顶点授课。除此之外，二者几乎没有区别。

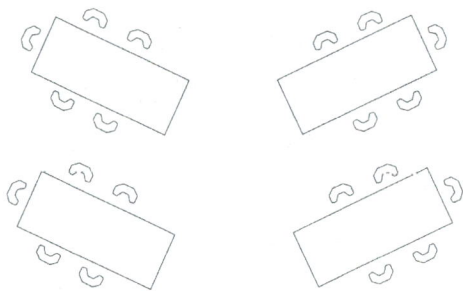

图7-4　V形布局

· 优势

V形布局的优势与岛形布局的优势比较一致。

首先，和岛形布局一样，培训师也可以在不同桌子之间的空隙来回走动，比较方便和学员互动。

其次，在 V 形布局中，围坐在同一张桌子旁的学员交流很方便。这种分组方式也非常便于分组活动的展开，学员的参与感也比较强。

最后，虽然和岛形布局一样自动把学员分成若干小组且留有可供自由走动的空隙，但是 V 形布局的桌子排列比较规整，空间利用率更高。因此，在可以容纳同样多的人、实现同样的互动效果的情况下，V 形布局的空间需求比岛形布局小。

·劣势

和岛形布局一样，部分学员的座位也是侧对着甚至背对着培训师的，当培训师站在教室前面授课时，这些学员就需要转过身来，如果想在桌上记笔记或者和同桌讨论，又需要转回来。这样频繁地转身会让这些学员的听课体验不佳。

·推荐使用场景

V 形布局适合培训师与学员需要频繁互动，且学员需要分组而场地又相对较小的培训，学员一般为 15～30 人。

● 第五种：教室布局

教室布局如图 7-5 所示，指像传统教室一样的布局，三五人共用一张桌子，整个教室被中间的过道分成左右两部分。培训师一般站在教室前面的讲台授课，有时也会沿着中间的过道走动。

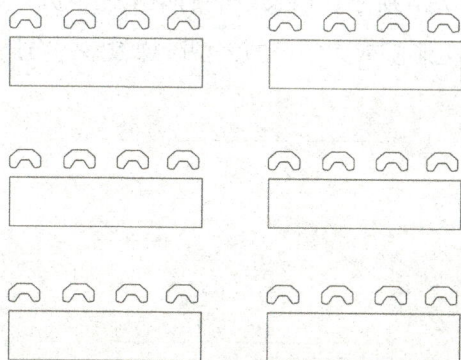

图 7-5　教室布局

·优势

首先，教室布局非常容易布置，很多培训教室的默认布局就是这样，因此培训师不需要提前去教室摆放桌椅。

其次，所有学员就座后都自然地面向前方，既不需要频繁转身，也不需要全程扭着头，听课姿势比较舒服。

最后，培训师在教室前面授课，正视所有学员的正面，可以比较方便地观察每位学员的面部表情，进而判断学员的情绪状态及其对培训内容的理解程度，以便及时调整。

·劣势

首先，学员之间的交流受限。学员只能跟左右相邻的两个人交流，比 U 形布局和会议室布局的限制大。

其次，培训师与学员之间的互动也比较受限。培训师虽然可以沿着窄窄的过道走到学员中间，但是不像在 U 形布局中，学员不用转身就可以正视培训师。

·推荐使用场景

教室布局适合权威性比较强、无须互动和分组的传统培训，学员一般在 20 人以上。

● **第六种：剧院布局**

剧院布局如图 7-6 所示，用长条形的桌子把学员分成几排，每排都可以坐很多学员，和电影院或大学里的大型阶梯教室的布局差不多。

图 7-6　剧院布局

·优势

首先，剧院布局的空间利用率最高，与其他布局相比，在相同空间里可以容纳最多学员。

其次，和教室布局一样，所有学员都面向教室前方的培训师，不需要转身和扭头。

最后，培训师正视所有学员的正面，很容易观察每位学员的面部表情，进而判断学员的听课状态，以便及时调整。

·劣势

首先，学员之间的交流受限。学员只能跟左右两边的人交流，甚至看不到其他人的正脸。

其次，培训师与学员之间的互动也受限。在本书介绍的六种教室布局中，对培训师和学员的互动限制最大的就是剧院布局，培训师大多数时候都在教室前面授课，与大部分学员的距离都比较远。

·推荐使用场景

剧院布局适合权威性比较强、无须互动和分组的大型传统培训，学员一般在 50 人以上。

了解上述六种常见的教室布局的特点及其优劣势后，培训师应该明白，选择教室布局时需要综合考虑参加培训的人数和授课方式这两方面因素。

如果培训课程没有设置很多互动环节，参加培训的人也不是很多，则会议室布局就是一个不错的选择。如果互动不多，但是参加培训的人很多，就可以考虑教室布局或剧院布局。如果培训师在培训过程中需要和学员频繁互动，则 U 形布局、岛形布局和 V 形布局都是可以优先考虑的。如果除了师生互动以外，培训过程中还有很多分组游戏、分组练习、分组互动等，则岛形布局和 V 形布局更合适。

培训师需要根据每场培训的培训人数和授课方式选择最合适的教室布局，尽可能使学员的听课体验最佳。

2. 准备"武器"：将设备调试到最佳状态

培训开始前调试好教室的设备非常重要，因为设备太容易出问题了。培训师特别需要关注和调试的设备有以下三种：

● **投影仪**

最需要提前调试的设备是投影仪。我们作为培训师授课时，或者作为学员参加培训时，抑或平时参加会议时，都有可能遇到投影仪出故障的情况。常见的故障包括投影仪无法正常开机、信号源无法正常切换、显像或声音出现问题等。

解决投影仪故障通常比较困难且耗时。如果投影仪在培训过程中出现故障，需要占用大量时间进行调试。如果培训师和学员都无法解决，还要请技术人员来调试。最坏的情况是连专业人士也无法解决，培训被迫中断。这会严重影响课程的进度和学员的听课体验。因此，培训师一定要确保投影仪在培训开始前已经调试到最佳状态。

● **计算机和连接线**

培训师通常会把课件存储在自己的计算机里，通过连接培训教室的投影仪进行放映。那么，培训师的计算机及其自带的连接线与培训教室的投影仪是否匹配？计算机和连接线是否存在故障？这些都是培训师需要提前确认的。

建议培训师每次培训时至少准备两条可以匹配不同接口的万能连接线，以备不时之需。如果出于某些原因，培训师不能使用自己的计算机，必须使用培训教室的计算机，还要保证课件可以顺利传输到另外一台计算机里且可以顺利打开和放映。在这种情况下，课件的传输也最好提前完成。

● **交互屏**

交互屏的操作本身就复杂一些，而且由于品牌、款式不同，同样的功能在不同交互屏的操作路径可能是不一样的。因此，如果需要用到交互屏，培训师一定要在培训开始前做好调试工作，熟悉培训中会用到的功能及其操作路径。

以上设备的调试需要达到这样的效果：在培训开始时，所有设备都可以一键启用，不出故障。

除了教室布局和设备调试以外，准备培训场地时的其他细节也会影响学员的听课体验和学习效果。这些细节有很多，下面列举几个有代表性的供大家参考：

学员的座位安排要以确保其目光交流顺畅为宜。有时由于房屋结构或者装修的缘故，教室里会存在一些障碍物，比如有的大培训教室中间有柱子，有的教室里有一些闲置家具。布置教室时需确保学员的目光不会被这些障碍物遮挡，且目光交流是顺畅的；

学员的桌上要留出足够的空间来摆放必需品，比如计算机、笔记本、水杯等。因此，培训桌的桌面要足够大；

在培训开始前，要检查教室的通风情况、排气扇的噪声、室内的温度和照明情况，以及是否有外部噪声、震动干扰等，排除这些可能给培训带来干扰的环境因素；

在培训开始前，要把所有设备、材料和辅助工具等依序摆放在合适的位置，便于培训师在授课过程中快速取用；

教室里应准备足够的水和茶食，尤其是时长为一整天的培训课程，这是保证学员认真听课的重要条件。

除了上述列举的内容以外，准备培训场地时还有很多细节需要注意，培训师要根据不同的培训教室情况和学员特点进行准备。想尽可能全面地做好这些工作并不难，培训师只需站在学员的角度考虑："如果是我坐在这个教室里听课，我想要什么样的环境？"站在学员的角度考虑其需求，就可以获得最佳的教室布置效果。

人靠衣装：准备合适的培训着装

接下来给大家介绍课前准备的最后一步——准备合适的培训着装。俗话说得好，人靠衣装马靠鞍。的确，一身合适的着装对一个人整体形象的塑造是非常重要的。那么，"培训师"这样一个特殊的职业对着装有什么要求呢？在回答这个问题之前，我们先来了解四种常见的职场着装。

● **第一种：商务正装**

商务正装是职场着装中最正式的一种，在大型商务会议、谈判、面试等正式场合一般需要穿这种服装，以示对该场合及参与人员的尊重。

从图 7-7 可见，无论男女，商务正装都会按照"硬质衬衫 + 硬质西服套装 + 皮鞋"来搭配。此外，男士需要系领带。女士的西服套装既可以是裤装，也可以是裙装。西服套装上下身的质地和颜色要一致。西服套装的颜色一般以黑色、灰色、深棕色等显得稳重的深色为主。皮鞋的颜色最好与西服套装的颜色一致。衬衫的颜色一般以白色或浅色为主。整体的服装配色要坚持三色原则，即浑身上下的服装颜色不得超过三种。

图 7-7　商务正装

● **第二种：商务职业装**

相较于商务正装，商务职业装的正式程度稍弱。

从图 7-8 可见，与商务正装相比，商务职业装的主要不同之处在于男士不需要系领带或穿西装外套，女士不需要穿带领子的衬衫，在颜色方面的选择也多些，但仍以稳重的基础色为主。但在服装质地方面，商务职业装仍以偏硬的质地为主。商务职业装适合除了大型商务会议、谈判、面试等特别正式的场合以外的其他重要商务场合，比如拜访客户、会见访客、参加内部会议等。

图 7-8　商务职业装

● **第三种：商务休闲装**

相较于前两种着装，商务休闲装的正式程度较弱，和前两者的区别也比较明显。商务休闲装，顾名思义是一种兼顾商务元素和休闲风格的着装类型，并没有统一的标准，更多地取决于个人风格。

图 7-9　商务休闲装

从图 7-9 可见，商务休闲装的颜色选择十分自由。从款式来看，男士不需要穿成套的西装，用纯色衬衫配西裤就可以了；女士的着装也更加自由，裙装、裤装、休闲衫都可以。不过，商务休闲装仍以偏硬的质地为主，且需要搭配皮鞋。商务休闲装是大多数职场人士的日常通勤装扮，也是大多数公司要求的着装。

● **第四种：休闲装**

休闲装基本上没有什么要求，在符合职场基本礼仪的前提下，几乎可以想怎么穿就怎么穿。

图 7-10　休闲装

　　常见的休闲装有休闲衫、毛衣、线衫、棉衫、牛仔裤等，如图 7-10 所示。不过，穿休闲装仍需遵守最基本的职场着装礼仪：男士应穿长裤；女士穿的裙子不能短于膝盖上方 10 厘米处；不能穿露肩装或吊带装；不能穿拖鞋。

　　了解四种职场着装类型后，接下来的问题是，培训师应该如何着装呢？关于这个问题，没有统一的答案。首先，培训师的着装必须满足职场着装的要求。其次，在上文提到的四种着装中，除了休闲装不适合培训师以外，其他三种都可以，具体选择哪一种则取决于培训师对某个培训场合正式程度的判断。

　　这里给大家介绍一个着装原则作为参考：在无法确定着装要求的情况下，宁可穿得过于正式，也不穿得过于休闲。

　　接下来看几组培训师着装的案例。

　　首先是培训师穿商务正装的案例。

　　图 7-11 展示的是两位穿商务正装授课的培训师。左边那位女培训师穿着一套黑色西装，搭配一件白色带领硬质衬衫，这是一套非常典型的商务正装。右边那位男培训师也穿典型的商务正装，外面是成套的黑色西装，里面是白色硬质衬衫，上下装的颜色和质地一致，还系了一条与外套的色系匹配的领带。培训师穿商务正装会给学员什么感受呢？我们从图片可以感受到，这场培训非常正式，培训内容应该也是非常专业的。

图 7-11　商务正装案例

其次是培训师穿商务职业装的案例。

图 7-12 展示的是两位穿商务职业装授课的培训师。左边那位女培训师的上装是纯色硬质衬衫，下装是硬质一步裙。右边那位男培训师的上装是西服外套搭配衬衫，下装则搭配西裤，这是一套非常典型的商务职业装。

图 7-12　商务职业装案例

相较于商务正装，商务职业装给人的正式感稍弱，在一定程度上可以拉近培训师与学员之间的距离。如果培训课程的互动比较多，培训师希望拉近师生之间的距离，则商务职业装比商务正装更合适。

最后是培训师穿商务休闲装的案例。

图 7-13 展示的是两位穿商务休闲装授课的培训师。左边那位女培训师穿着一条深色短袖连衣裙，给人一种既职业又有亲和力的感觉。右边那位男培训师的上装是质地比较软的毛衣，里面搭了一件白色衬衫，并没有系领带，给人一种比较随和的感觉。

图 7-13　商务休闲装案例

从学员的视角来看，相较于前两种着装风格，培训师穿商务休闲装会让培训氛围显得比较轻松。如果某场培训是内部培训或者不是特别正式，培训师又想与学员拉近距离，营造一种比较轻松和舒适的氛围，则商务休闲装就是最好的选择。

∷作业二——课前准备

请准备一张你穿合适的培训着装的照片。

第 8 章

四要素之二：

培训开场

我们将进入本书第 8 章。在课程设计五部曲的第二个步骤——搭建大纲那一章中，我已经提到三段式的课程结构，即开场、主体和结尾。作为课程内容，这三部分需要在进行课程设计时就设计好。然而，培训开场和培训结尾这两部分有较大的灵活度和互动性，需要根据每场培训的实际情况进行调整。本章先讲培训开场。

精心设计的培训开场可以更好地帮助学员建立有效联系。这里提到的联系有以下三种：

第一种：学员与培训师之间的联系。

学员与培训师之间的联系可以通过培训师自我介绍来建立。培训师自我介绍形式多样，精彩的自我介绍可以奠定培训的基调，给学员留下良好的第一印象，并初步建立师生之间的信任关系。

第二种：学员之间的联系。

学员之间的联系可以通过学员破冰来建立。常见的学员破冰包括学员自我介绍、破冰游戏、互动任务等。有效的学员破冰有助于学员互相认识，营造轻松的学习氛围，建立安全的分享环境，鼓励学员进行有效输出等，而这些都会对学习效果产生积极影响。

第三种：学员与课程之间的联系。

学员与课程之间的联系可以通过期望管理来建立。期望管理主要包括介绍培训议程、明确基本要求和澄清学员期待，目的是让学员对本次课程的内容、要求以及应该抱着怎样的期待有一个正确的认识。

下面给大家详细介绍这三种联系。

他和你：建立学员与培训师之间的联系

首先要建立学员与培训师之间的联系，即培训师自我介绍。在介绍这部分内容之前，我先给大家介绍两个心理学概念。

● 光环效应

光环效应又称晕轮效应，是一种可以影响人际知觉的因素。一旦对人的某一品质或物品的某一特性留下好印象，就会对此人的其他品质或此物的其他特性也产生好感。这种类似爱屋及乌的强烈知觉特点就像月晕的光环一样，会向周围弥漫、扩散，人们就形象地称之为光环效应。与光环效应相反的是恶魔效应，即一旦对人的某一品质或物品的某一特性留下坏印象，就会对此人的其他品质或此物的其他特性评价较低。

● 首因效应

首因效应是由美国心理学家洛钦斯（A. S. Lochins）提出的，又称首次效应、优先效应或第一印象效应，指交往双方形成的第一印象会对今后双方关系产生重要影响，即先入为主产生的影响。虽然第一印象并非总是正确的，但却是最深刻、最牢固的，并且决定着双方交往的进程。如果一个人在初次见面时给人留下良好的印象，人们就愿意和他接近，并对他以后一系列行为和表现的评价也比较正面。反之，一个初次见面就让人反感的人，即使人们出于某种原因要与他接触，也会对他很冷淡，在极端情况下，甚至会在心理上和实际行为中与他对抗。

结合这两个心理学原理，如果你在培训开场的自我介绍就让学员感受到你的友好，对你留下积极正面的第一印象，从一开始就接纳你，那么恭喜你，在接下来的培训中，学员会乐于倾听你的课程，无论是新知识的接受度还是互动游戏的参与度都很高，即使你在培训中偶尔犯了小错误，也不会责怪你。

相反，如果你的自我介绍让学员捕捉不到亮点，甚至留下负面印象，那么很遗憾，接下来的培训对你来说将会十分难熬，很多学员会在接收培训内容时十分谨慎，对你讲的新概念充满质疑甚至发出挑战，可能还会觉得互动游戏是在浪费时间。如果你不小心犯了一个无关紧要的错误，学员会对接下来的培训彻底失去信心。

我们来看图 8-1 中的两个卡通人物，左边那位男士穿得破破烂烂的，给人感觉邋里邋遢的，看起来愁眉苦脸的，说话支支吾吾的；而右边那位男士衣着得体，面带笑容，充满自信，说话清晰而坚定。

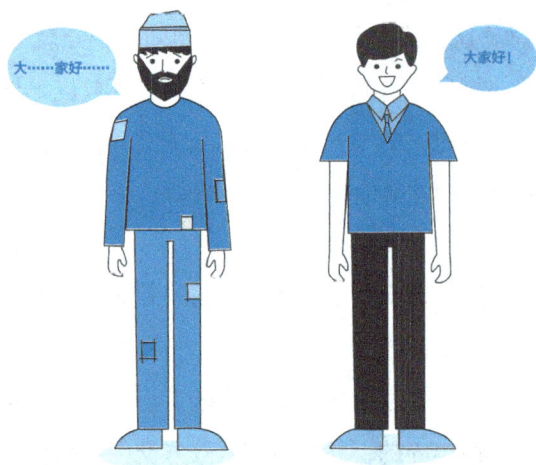

图 8-1　培训师形象

如果这两人是同一门课程的培训师，你都是第一次听他们做自我介绍，在分别留下这样的第一印象后，即使他们后面呈现的课程内容一模一样，你会更想听哪位的课呢？答案可想而知。

培训师开场时的自我介绍有助于达到以下三个目的：

一是奠定培训基调。通过培训师自我介绍，学员可以大致了解这位培训师的培训风格，对接下来的培训基调有所预判。

二是有助于培训师给学员留下积极正面的第一印象。通过培训师自我介绍，学员可以捕捉这位培训师的闪光点以及对自己有启发的信息，在心中留下良好的第一印象。

三是初步建立学员对培训师的信任。培训师在自我介绍里提到的教育背景、工作履历和经验等，能让学员坚信这位培训师可以讲好这门课，并坚信可以从培训师身上或课程里获得对自己有帮助的信息。

那么，培训师如何做好自我介绍呢？

好的自我介绍并没有统一的标准。培训主题、行业、学员群体以及培训师的个人风格不同，对"好"的定义自然也就不同，但还是有一些基本原则要遵守的。本书总结了四条基本原则供大家参考，它们适用于所有情形，可总结为 CHIP 原则：

Concise（精练的）：自我介绍要简洁明了，不要过于啰唆，时长建议为 3～5 分钟，最好不要超过 8 分钟；

Honest（诚实的）：培训师面对学员时要诚实，确保自我介绍里的所有信息都是真实的，有据可查；

Interesting（有趣的）：个性风趣幽默，或者自我介绍本身非常有吸引力，抑或培训师的闪光点让学员大开眼界，这都是有趣的体现；

Personal（有个人特色的）：善于发现自己的特色，据此去设计自我介绍。只有自我介绍真正符合培训师的个人特色，学员听起来才会觉得自然，培训师在表达时也更自如。

下面结合 CHIP 原则来看两个案例。

第一个案例是传统形式的自我介绍，下面将从幻灯片的呈现和培训师的口述两方面来分析。

先来看幻灯片的呈现（见图 8-2）。我们可以清晰地看到，在页面左侧四分之一的位置，罗列了这位培训师最关键、最精练的信息；在右侧四分之三的位置，结构化地罗列了这位培训师四个方面的主要信息。即使培训师在口述时说得比较快，或者举了一些例子，开了一些玩笑，学员仍可以通过这页幻灯片非常系统地了解其各个方面的重点信息。

图 8-2 建立学员与培训师之间的联系案例一

再来看这页幻灯片的颜色搭配。整页幻灯片用了较少的颜色，即白色、黑色以及深灰和浅灰，看起来非常清爽。

再来看这页幻灯片的布局。页面左侧四分之一的位置呈现了最重点的信息，不太有耐心的学员花 3 秒钟看一下就大概知道这位培训师的专长，而那些想详细了解的学员看起来也非常方便，关心培训师的教育背景就看最上面，关心培训师的授课经历就看最下面。由此可见，这页幻灯片非常清晰，便于学员阅读。

接下来看这位培训师的口述部分。这个例子其实是我本人的自我介绍。首先，我会告诉学员，并介绍自己的教育背景和资质认证中比较重要的部分。然后，我会介绍自己的工作经历，讲述我从甲方公司的部门负责人变成战略咨询公司的管理顾问，再到自己创业的故事。我还会这么说："由于时间关系，'代表项目'这部分，我不会花很多时间去介绍，有兴趣的学员可以在我讲述的时候通过 PPT 来了解。"最后介绍我作为培训师的授课经历。

除了幻灯片的内容以外，在自我介绍即将结束时，我还会给学员介绍自己职业转型的故事，分享我是如何从项目经理变成比较成熟且专业的培训师的。这个故事对那些有相似的经历，现在还没有成为培训师而又希望往这个方向发展的学员来说，是比较有参考价值的。

现在来看我这段自我介绍是否满足 CHIP 原则。

首先，这段自我介绍的时长约 4 分钟，没有太多对细节的赘述，比如我没有提到具体的代表项目，在介绍教育背景和资质认证时也只挑重要的讲，没有把每一条都念出来。所以，这个自我介绍是精练的。

此外，大家看到的、听到的信息都是真实的。当然，在罗列代表项目时，我刻意挑选了一些比较有代表性、有影响力、相对较大的项目，至于一些相对较小、影响力没有那么大的项目，则因篇幅有限就没有体现。这样可以凸显自己的亮点或光环，但也是诚实的。

这个自我介绍是怎么体现有趣的呢？第一点体现在内容本身。对工作经历的介绍是按我从甲方公司的部门负责人到管理顾问，再到自己创业的顺序进行的，这会让一些学员对我的职业经历很好奇，想去了解我职业转型的原因。第二点体现在我在结尾刻意详细介绍了我是怎么完成职业转型的，学员会比较有代入感。这也是吸引学员的一种方式，培训师不一定要开很多玩笑来体现自己有趣。

关于个人风格，我不是一个很有幽默感的人，也不擅长刻意开很多玩笑，但我也不是一个特别严肃的培训师，也不会非常强硬地要求学员一定要怎么样或不能怎么样。这和性格有关。我的风格是比较亲和、轻松的，所以在介绍自己的经历时，也是不疾不徐地娓娓道来。在授课过程中，我整体上也是遵循这样的个人风格。

以上是对一个传统形式的培训师自我介绍案例的分析。大家可以想想这样的形式是否适合你和你的培训主题。

接下来看一个互动形式的自我介绍。互动形式的自我介绍有可能不需要用到幻灯片，我们来看下面的案例（见图 8-3）。

一位沟通技巧培训的培训师走上讲台，然后这样开场：

"大家好！想必很多同学都不认识我，那么我们先来做个小游戏，让大家认识一下。以下关于我的三条信息中只有两条是真的，请大家猜猜是哪两条：

"第一条是我曾经在政府机关工作过 10 年。

"第二条是我曾经在外企做过 5 年职业经理人。

"第三条是我曾经因为沟通问题被投诉过。"

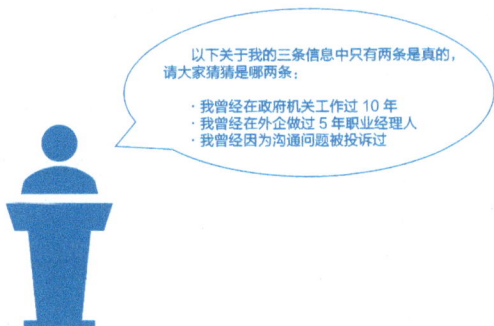

图 8-3　建立学员与培训师之间的联系案例二

这个自我介绍很有意思。由于这是一场关于沟通技巧的培训，培训师这样一问，学员就开始好奇了。一些人可能会想："这位给我们讲沟通技巧的培训师，难道曾经因为沟通问题被投诉过吗？"还有一些人可能会想："这位培训师难道先在政府机关工作了 10 年，然后去外企做了 5 年职业经理人？竟然可以这样跳槽！"不管学员出于自身的思维方式如何猜想，这样的问题一抛出来，就把学员的注意力吸引过来了，学员立刻对这位培训师产生兴趣。

接下来，这位培训师公布了答案："有的猜对了，有的没猜对，那么正确答案是什么呢？这三条信息中后两条是真的，我的确在外企做过 5 年职业经理人，也的确因为沟通问题被投诉过。"

然后，这位培训师趁热打铁，就这两条信息展开讲述自己的经历。首先，他在外企做过 5 年职业经理人，然后简单地呈现了他的职业发展路径，给大家介绍了他的工作经历和职业背景，非常自然。接下来，他讲了一个很小但很有意思的故事：他刚开始工作时是怎样因为沟通问题遭到同事投诉的，经过这件事后意识到沟通的重要性，便开始致力于提高自己的沟通技巧，最终成为现在这样一位可以给大家讲授沟通技巧的培训师。

这样的自我介绍既满足了 CHIP 原则，又不拘泥于传统的根据 PPT 来自我介绍的形式，一下子就吸引了学员的注意力。

首先，即使有了开头的学员互动环节，由于这位培训师只介绍了职业经历以及与沟通问题相关的两点，总时长也不会超过 5 分钟，因此符合 CHIP 原则的精练要求。

其次，这位培训师的个人经历和沟通问题都是真实发生过的，符合 CHIP 原则的诚实要求。

再次，且不说内容，这个形式本身一下子就吸引了学员的注意力，毫无疑问是有趣的。

最后，即使我没有告诉大家这位培训师是谁，只是介绍其自我介绍的互动形式，大家也会认为这是一位很神秘、很有趣的老师，这就是他的风格。

因篇幅限制，我只给大家展示了两个案例。其实，培训师自我介绍的形式还有很多，我建议大家结合培训主题、公司所属行业、学员群体的特点等方面来准备具有个人独特风格的自我介绍，并准备两三个不同的自我介绍版本，在培训现场结合实际情况选择最合适的版本。需要注意的是，不管是什么样的自我介绍，一定要遵循 CHIP 原则。

：作业一 —— 建立学员与培训师之间的联系

请设计你的自我介绍。

他和他：建立学员之间的联系

　　与学员建立联系后，培训师还需要帮助学员之间建立联系，这可以通过学员破冰来实现。"破冰"原指在航行水域上充分击碎冰块，以便船舶通航，现在引申为培训中的一项专业技术。"破冰"，字面意思是打破坚冰，旨在让参训学员消除尴尬、紧张、陌生感以及相互之间的隔阂，迅速熟悉周围环境，进入培训状态。

　　正如图8-4展示的场景，不熟悉的人刚开始相处时会充满隔阂，互相设防，言谈举止小心翼翼的，就像被冰冻住了一样，而破冰就是把大家从冻住的冰块中解放出来，可以自如地、不设防地交流。

图8-4　破冰

　　这里要区分两个概念："热场"和"破冰"。人们有时会混淆热场和破冰，二者的确在形式上有一定相似性，甚至有不少重叠的部分，但二者的目的有本质区别：热场的目的只是让参与者打起精神来，保持一定兴奋度，而破冰的目的是消除人与人之间的隔阂。可以说，热场不一定能达到破冰的效果，而大多数破冰可以同时做到热场。

　　培训开场时破冰的目的有以下三个：

　　一是有助于学员互相认识。破冰可以让学员们产生互动和联系，增进彼此的了解。

二是营造轻松的学习氛围，有助于提升学习效果。破冰后，学员之间有了基本的了解，学习氛围就比较轻松了，更容易接受培训内容。

三是建立安全的分享环境，鼓励学员输出。破冰可以消除学员之间的隔阂，增加彼此的信任感，学员也就更乐于分享。

那么，培训中什么样的破冰设计才能达到以上三个目的呢？

当然，答案不是唯一的。基于不同的培训主题、学员群体以及培训师的个人风格，培训开场的破冰设计五花八门，并没有标准答案。不过，有效的破冰设计会遵循一些最基本的原则。本书总结了三条最基本的破冰设计原则供大家参考，适用于所有情形。这个原则叫作 3S 原则：

Simple（简单的）：破冰设计的规则设置要简单易懂，让学员便于执行；

Safe（安全的）：既要确保物理上的安全，即学员执行起来没有安全风险，也要保证心理上的安全，即信息分享时要让学员有安全感；

Smart（巧妙的）：破冰要能够实现学员互相认识、建立轻松氛围和安全环境的目的。

接下来介绍什么样的破冰设计是既简单易懂又安全巧妙的。我们来看两个培训开场的破冰设计案例，首先是一个通用形式的破冰设计。通用形式指这个破冰设计不受培训主题的限制，不管什么培训主题都可以用它来开场。

一位培训师开场做完自我介绍后就翻到下面这页幻灯片，如图 8-5 所示。

请每位学员讲一段话，包括以下内容：

1. 简短的自我介绍；

2. 对本次培训的期待；

3. 接下来，我想认识 ×××

2 分钟

图 8-5　建立学员之间的联系案例一

然后，培训师向学员介绍道："刚刚我已经做了自我介绍，想必大家已经对我有所了解，接下来我也想认识在座各位。怎么认识呢？我们通过一个小练习来互相认识一下。请每位学员依次起立，然后讲一段话，包括以下内容：

"首先，进行简短的自我介绍，想向大家介绍什么关键信息都可以，没有任何形式上或内容上的要求。

"然后，分享一下你对本次培训的期待，包括你想学习什么、收获什么。

"完成上述发言后，你要邀请下一位学员来发言。怎么邀请呢？请用'接下来，我想认识 ×××'这个句式来邀请。每个人有 2 分钟的时间来完成这个过程。"

介绍完规则后，培训师先请一位学员来做自我介绍并说出对本次培训的期待。这位学员完成后就说"接下来，我想认识 ×××"，邀请下一位学员来发言。

这样一个非常简单的破冰设计有什么特点呢？我们先来看它是否遵守了3S 原则。

第一个原则是简单的。这个破冰设计的规则一点都不复杂，执行起来也方便，不用布置教室，也不用分组，而且发言内容也不需要花很长时间准备。

第二个原则是安全的。首先，物理上的安全当然是满足的，学员就坐在自己的位置上，被邀请的时候只需站起来，没有任何安全风险。此外，针对信息分享方面的安全，在提到简短的自我介绍时，培训师做了个可能看起来有点啰唆的说明，而那个补充说明就是提醒学员只需分享自己想要分享的内容。这样再三强调会给大家营造一个安全的氛围，学员不会觉得自己受到挑战或被迫分享一些本不愿分享的信息。

第三个原则是巧妙的。首先，让学员分享对本次培训的期待，可以收集到学员最原始的期待。我后面会讲到"期望管理"，这里收集到的信息对接下来的期望管理来说就是一个非常有效的输入。其次，"我想认识×××"，这不是培训师生硬地依次让学员来做自我介绍，而是让学员自己去邀请一位感兴趣但又不熟悉的学员来发言。在这个过程中，学员之间的隔阂自然就消除了。当一个人邀请另一个人发言时，他俩自然而然就建立了联系。当培训师请学员自行邀请某位学员做自我介绍时，每位学员至少跟两位学员建立了联系。

我们再来看一个定制形式的破冰设计案例。定制形式指这个破冰设计是根据培训主题定制的。一方面，这个破冰设计只适合特定的培训主题；另一方面，定制形式的破冰设计更有助于相应主题培训内容的展开。

下面是一个沟通技巧培训开场的破冰设计。首先，培训师将所有学员分成两人一组，给其中一人发一张印有图 8-6 左侧图案的 A4 纸，然后请两人分别扮演 A 和 B 两个角色。

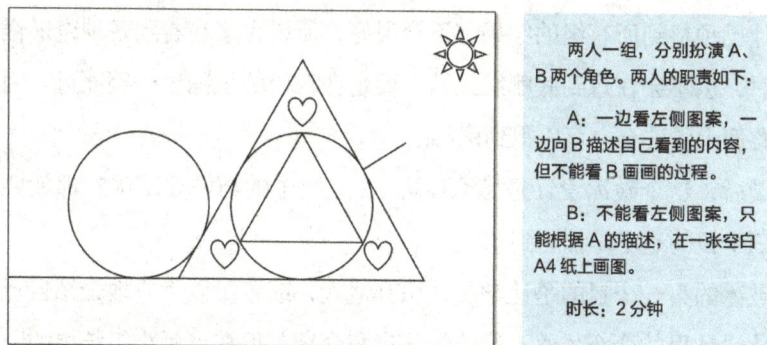

图 8-6　建立学员之间的联系案例二

这个破冰设计的总时长是 2 分钟，时间到了必须停笔。培训师会请各组的 B 来给大家展示自己画的图，同时在大屏幕上展示原图。所有学员都可以看到原图和其他组学员的输出结果，看看哪一组的图更接近原图，哪一组相差较大。

这个破冰设计非常好地遵循了 3S 原则。

首先，这个破冰设计虽然刻意与培训内容即沟通技巧进行了连接，也进行了互动分组，但其规则设置本身是非常容易理解的。简单来说，就是把所有学员两两分组，一位负责描述，另一位负责把听到的内容画下来。不管是谁，一听这个就能理解，不容易误解，这是规则上的简单易懂。在执行层面上，虽然有分组，但是对分组活动的区域并无限制。学员只需找到自己的搭档，两两一组，在哪儿都可以完成这个练习，不需要重新布置教室，也不需要使用复杂的道具，只需准备纸和笔。

其次，先说物理上的安全。虽然这个破冰设计进行了分组，但是不涉及大幅度的动作或者比较激烈的运动，没有潜在的安全风险。再说心理上的安全。首先，这个破冰设计不需要学员分享隐私信息。其次，这个破冰设计原本有一个潜在的不安全的点是，最终结果呈现时，每组的图案参差不齐，可能会让画得不好的学员感到尴尬，但它巧妙地避开了这一点，最终结果无论好坏都由两位组员共同承担，也就稀释了紧张感和不安全感。最后，这个破冰设计已预料到所有组的结果都不会很好，所以大家在看到各种奇形怪状的图案时，也不会在意到底哪组最差，而是在轻松的氛围里一笑而过。因此，学员心理上的安全也可以得到保障。

最后，这个破冰设计是怎么体现 3S 原则中的巧妙要求呢？那就要看破冰的三个目的是不是都达到了。

破冰的第一个目的是让学员认识其他人，或者可以大方地介绍自己。这个破冰设计里的介绍虽然不像传统的自我介绍，但在展示小组结果的时候也可以顺带介绍一下小组成员。

破冰的第二个目的是营造轻松的氛围。这个破冰设计在最后呈现各组的图案时，大家会笑，会觉得好玩，自然就形成一种轻松的氛围。

破冰的第三个目的是让学员可以互相信任，形成一个安全的分享环境。在这个破冰设计中，每组学员在一人描述、一人画图的过程中建立了合作关系，这会让他们互相信任。学员在最后分享的过程中看到其他组画的图也不太好，会卸下心防，信任感也就建立起来了。

在这个案例中，破冰设计最基本的三个目的都可以实现。而且，其设置还巧妙地体现了沟通的重要性。这个破冰设计用在沟通技巧的培训开场，通过一人描述、一人画图，最后得到各种结果的方式，很自然地引发学员的思考——原来无效的沟通会产生这么恶劣的影响，然后培训师就可以自然而然地引出培训主题。

因篇幅限制，这里只展示了两个案例，其实破冰设计的形式还有很多，大家可以从网上找一些经典的破冰设计来参考。我鼓励大家设计富有创意的破冰活动，甚至可以准备多个，然后结合培训现场的氛围选择最合适的活动。只要遵循了 3S 原则，并且实现了破冰的目的，就是好的破冰设计。

：作业二——建立学员之间的联系

> 请为你的培训课程设计两种形式（通用形式和定制形式）的破冰活动。

他和它：建立学员与课程之间的联系

培训开场时，在建立学员与培训师、学员之间的联系后，接下来要建立学员与课程之间的联系。

作为学员参加培训课程时，你是不是偶尔会有不太愉快的体验？你满怀期待地报名参加一门培训课程，在整个培训过程中也感受到课程内容的专业度和含金量，也认可培训师的授课风格和专业度，但在课程结束后发现，报名时期望学的东西与培训师所讲的大相径庭。即使你认可这门课程的质量，也认可这位培训师，但由于实际接收到的培训内容与自己的期待存在落差，培训效果就会大打折扣。

作为培训师，你在授课时可能也会遇到类似的情况：有少数学员培训结束时的反馈不是很好，当你了解具体原因后发现，他们的期待与这门课程的目标设置存在偏差，即他们期待学到的内容不是这门课程要安排的内容，自然就认为这场培训没有达到预期效果。

问题到底出在哪里呢？既不是出在课程内容上，也不是出在培训师专业度上，更不是出在学员身上，而是出在期望管理上。

不管是从培训师的角度还是学员的角度来看，遇到这种情况都是不愉快的体验。想避免这种情况，其实很简单，就是在培训开场时做好期望管理，把学员们的期待统一起来。这也是期望管理的目的。

期望管理的目的有以下三个：

一是帮助学员了解培训的既定内容和预设目标，从而调整自己的期待。学员了解培训内容和目标后与自己的期待进行对比，发现差异后可以及时调整。

二是帮助培训师了解学员的期待，在合理范围内调整培训内容，以满足大多数学员的期待。

三是帮助所有参与者建立共识。所有参与者既包括全体学员，也包括培训师本人。要建立的共识包括时间安排、培训的规则制度，以及培训将要实现的目标。

那么，如何实现期望管理呢？培训师可以通过介绍培训议程、明确基本要求和澄清学员期待三步骤来实现期望管理。接下来对这三个步骤逐一讲解。

● **介绍培训议程**

培训议程主要包括两个重点信息：一个是在固定时间段内的培训内容安排，比如你的培训课程要讲几个相关主题；另一个是每个关键主题开始和结束的时间，也就是整个培训安排的时间线。通过培训议程的介绍，学员可以清晰地了解培训的具体内容和时间安排，就会有合理的期待。

● **明确基本要求**

介绍完培训议程后，培训师要给学员讲明本次培训的基本要求。常见的基本要求包括手机调至静音，计算机不放在桌面上，上课要准时，回答问题时要举手等。这些都是为了保证课堂纪律，学员应该遵守的基本要求。

培训师不应该强势地直接把要求告诉学员，可以先问问学员的意见，明确需要哪些要求来保证课堂秩序，或者可以先列出一些要求，再问问学员的意见。这样学员才会认为最后形成的要求是大家共同确定的。

● **澄清学员期待**

第三个步骤是我认为最重要的一步，即澄清学员期待。每一门培训课程都应有课前宣传资料，至少要让学员报名时能看到一个简介。但是，由于每个人的经验背景和思维方式不同，学员会抱着不同的期待来参加培训。学员的有些期待是可以满足的，有些期待则是无法满足的。为了找出学员不合理的期待并阐明培训本身的目的，培训师需要在培训开始前澄清学员的期待。

首先，收集学员的原始期待。这可以通过最简单的举手发言形式来收集，也可以请学员把自己的期待写在便利贴上，然后把它们贴在白板或活动挂图上。当学员的期待全部收集上来后，培训师就可以带着学员过一遍大家的期待，并告诉大家，根据培训内容和目标，哪些期待是可以满足的，哪些期待则在本次培训中无法满足。这种方式可以让学员认识到自己的期待是否合理，也知道不合理的期待在这次培训中是无法满足的。有了这样的澄清后，学员就会带着合理的期待听课。

接下来看一下关于期望管理三步骤的案例，首先是介绍培训议程的案例。

这是为期一天的六西格玛倡导者培训的议程。图 8-7 所示的幻灯片在培训开场时会投在屏幕上，培训师会带大家过一遍整场培训的日程安排。与此同时，培训师还会提前把这页幻灯光打印出来发给每位学员。在整个培训过程中，如果有学员想要确认培训议程，了解培训进行到哪一步了，随时可以拿出这页纸来查看。我们通过这个案例来了解培训议程包括哪些内容。

培训时长	1天	
目标人群	企业内部将要对持续改进（精益六西格玛）项目提供支持的中层和高层管理者	
日程安排 & 输出结果	上午 · 卓越运营简介 · 精益六西格玛背景介绍 · 精益六西格玛 DMAIC 方法论的基本逻辑讲解 · DMAIC 项目案例分享 + 下午 · 项目倡导者角色介绍及讨论 · 绿带、黑带培养路径讨论 · 精益六西格玛项目选择标准讨论 · 潜在精益六西格玛项目及其他持续改进项目主题	1. 理解六西格玛 DMAIC 方法论的基本逻辑 2. 建立持续改进的人才培养思路及路径 3. 生成潜在精益六西格玛项目及其他持续改进项目的主题

图 8-7　介绍培训议程案例

首先是培训时长和目标人群，接下来是核心部分的日程安排及输出结果。

先来看日程安排。这一天的培训包括上午和下午两个部分，我们可以清晰地看到，上午以培训师向学员输出为主，下午以双向互动为主。

再来看输出结果。上午和下午两部分相结合，将产生三项输出结果：理解六西格玛 DMAIC 方法论的基本逻辑；建立持续改进的人才培养思路及路径；生成潜在精益六西格玛项目及其他持续改进项目的主题。

看了这个培训议程，大家对这场培训大体的时间安排和培训目标就有了一个比较清晰的认识。当然，培训议程的形式有很多，不一定都需要这么完整地呈现信息，不一定非得有时长、目标人群及输出结果，有可能仅有“日程安排”这部分。在“日程安排”这部分可能会展示具体的时间点，比如第一个主题——9:30，第二个主题——10:30，第三个主题——11:00 等。这些形式都是可以的，目的是让学员看到培训日程后知道在什么时候会有什么培训内容。

接下来看一个关于期望管理的第二个步骤——明确基本要求的案例。这个案例来源于某场线下培训开场时的基本要求说明。

培训师介绍完培训议程后，展示图 8-8 所示的幻灯片，并说明本次培训中希望学员遵守的基本要求。

计算机不要放在桌面上　　遵守时间安排

手机调至静音　　积极提问

图 8-8　明确基本要求案例

第一，不要把计算机放在桌面上。这门课程不需要学员使用计算机，培训师会使用课件、活动挂图、白板等教具来讲授内容并开展互动，当进行情景模拟需要学员参与时，也会发资料给大家。所以，要求学员不要把计算机放在桌面上，主要是为了防止学员被其他事情干扰，比如收到电子邮件等。

第二，要求学员遵守时间安排。根据之前给出的培训议程，课程每天早上几点开始，下午几点开始，以及中途休息后几点回到教室，培训师都会明确告诉学员，要求准时参加培训。培训的内容安排比较紧凑，参训学员也比较多，如果每个人耽误 1 分钟，整体上就会浪费很多时间。

第三，要求将手机调至静音。这也是非常基本的要求，一旦有电话或信息进来，就不会打扰其他人。

第四，希望学员能积极提问。这位培训师的风格是心态开放、有亲和力，希望学员有任何问题都不要耽误，立刻举手提出来，这样可以得到最及时的解答，解答的信息也可供其他学员参考。当然，并不是所有培训师都鼓励大家积极提问，有的培训师会特意要求在某个内容讲完后再请大家统一提问。这没有对错之分，但你作为培训师希望学员遵守什么样的要求，在培训开场时就要跟学员做一个全面的沟通。

提出上述要求后，培训师还需要确认一点：学员认为这些要求是否合理，是否需要补充或调整。大家确认完培训要求的合理性后，就算达成共识了，那么在接下来的培训过程中，就应该共同遵守和维护这些基本要求。

此外，还可以制定惩罚措施，当有人违反了要求时，就要接受一个小惩罚。需要注意的是，这个惩罚一定要慎重，千万不要强人所难。有的培训师会要求违反纪律的学员表演节目，但有人不愿表演时就会很尴尬。比较推荐的做法是把惩罚转变为奖励的形式，把在场的学员分成几个小组，哪个小组有人违反了纪律就扣掉适当的分数，培训结束时哪个小组得分最高，就可以得到奖品。这样既不会让学员感到尴尬，又可以调动学员遵守基本要求的积极性。

最后来看期望管理的最后一个步骤——澄清学员期待的案例，这里给大家展示两个案例。

图 8-9 所示是一场线下的六西格玛黄带培训，我们可以看到大屏幕左下角列出了培训开场时收集到的学员对这次培训的期待。

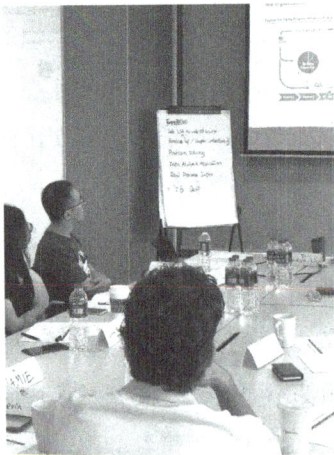

图 8-9　澄清学员期待案例一

有些期待是培训设计本身就可以满足的，所以培训师在介绍这些期待时就会告诉学员："不用担心，你的期待一定会得到满足。"比如，有的学员想了解 DMAIC 问题解决的方法论，有的学员想了解一些 DMAIC 过程中的工具，还有学员想学习一些问题解决实操层面的方法，这些都可以满足。

有的学员可能会想要非常系统、深入地学习实验设计工具，那么培训师在一开始就要告诉他，在黑带层级才会系统和深入地学习这个工具，而在黄带层级由于时间限制是无法展开讲的。这样学员在培训中就不会期待这个，如果培训师没有讲到这部分内容，也不会觉得惊讶和失望。

图 8-10 这个案例来源于一场沟通技巧的培训，这些期待是培训师在开场时向学员收集的。首先，培训师向学员提问，然后把学员的期待写在白板上，并且做了一些标记。打钩的那些期待，是培训师承诺可以满足的；打半钩的那些期待，则意味着一部分可以满足，但不能完全满足。

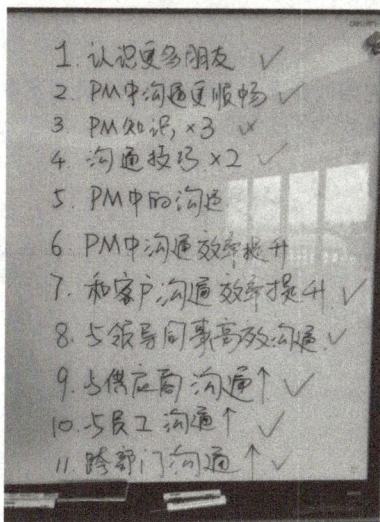

图 8-10　澄清学员期待案例二

例如，有的学员想要认识更多朋友，就需要自己在培训的互动环节积极、活跃一点，主动去认识其他人，或者在课间休息时主动跟人交谈，这与培训本身的目标无关。

再如，有的学员想了解关于 PM 项目管理的知识，而这场培训是关于沟通技巧的培训，并非专注于 PM 这个具体的工具，所以这项期待也打了半钩。有了这样清晰且明确的澄清，学员就知道在这样一场沟通技巧的培训中应该期待什么。

相信看了关于期望管理的两个案例后，大家已经感觉到了，不管是从内容安排还是形式呈现上，期望管理都没有严格的要求和统一的标准。只要在培训开场时做好期望管理，即介绍了培训议程、明确了基本要求和澄清了学员期待，那么这次培训开场就是完整的。

⋮作业三——建立学员与课程之间的联系

> 为你的培训课程制作培训议程、设置基本要求并设计收集学员期待的方式。

第 9 章

四要素之三：

培训控场

我们将进入本书第9章，即培训交付四要素的第三个要素——培训控场。本章将介绍调整培训师心态、呈现专业表达、留下美好印象、有效学员互动、应对尴尬情景五部分内容。

调整培训师心态：你并不需要打败学员

本章会介绍很多培训控场的技巧，但我们要先明确一点：培训师树立正确的心态是做好培训控场的前提。

培训师在每场培训中会遇到形形色色的学员，也会遇到各种各样无法预料的情况。为了避免出现难以招架的情况，有的培训师会表现得过于谦虚，经常加上"可能""也许""这是我个人观点"这样模棱两可的词句，以退为进。有的培训师则选择给自己穿上坚实的"盔甲"，潜心钻研授课技巧和培训师话术，力求在每场培训中都能战胜学员。显然，这两种做法都不会取得好的培训效果，因为这两种培训师犯了一个共同的错误，那就是把学员放到自己的对立面，把学员当成对手。

回顾"确立目标"那一章提到的培训目标，一门培训课程的目标是围绕学员来设立的，是为了实现学员在某个领域的提升。所以，学员才是每场培训的主角，培训师只是助手，要做的就是帮助学员实现提升和成长。培训师在课程设计时要树立这样的培训目标，在培训交付时亦应如此。

培训师并不需要战胜学员，而是要传道、授业、解惑，进而帮助学员实现能力的提升。因此，培训师的心态要从"以自己为中心"调整为"以学员为中心"，从防御型心态转变为支持型心态。

当然，这并不容易做到。以自己为中心是人的天性，人们本能地会更加关注自己的表现，在乎他人对自己的评价，希望获得他人的认可，尤其是当自己站在讲台上，成为其他人关注的焦点时。但是，如果培训师在授课过程中持有防御型心态，把太多精力放在关注自身上，就很容易分心，不可能专心传道、授业、解惑。

为了帮助大家树立正确的培训师心态，下面列举几个培训中容易产生错误心态的典型场景，我们来看看培训师应该如何调整心态。

● **场景一：培训师走进教室那一刻**

在这一场景下，持防御型心态的培训师会这样想："我一定要展示出自己的专业水平。"这听起来是比较积极的，没有太大问题，但仔细一想会发现，这样的心态关注点在培训师身上，培训师想表现自己有多优秀。

相反，持支持型心态的培训师会这样想："我要用自己的专长帮助学员获得成长和提升。"同样是想展示专业水平，但支持型心态的关注点不在培训师身上，而是在学员身上。如果培训师在培训一开始就持支持型心态，并且在培训过程中不断提醒自己这一点，那么接下来的所有行动都会以帮助学员成长为动机。

● **场景二：遇到基础比较薄弱的学员**

在这一场景下，持防御型心态的培训师会这样想："太开心了，今天我是全场最聪明的人，应该不会有人挑战我了。"这样的想法可能会让培训师松懈下来，一些应该介绍的内容可能会忘记介绍，甚至还会有一种沾沾自喜的感觉，在授课过程中故意使用一些晦涩难懂的学术用语或专业术语来展示自己的专业性，以体现自己比学员厉害。

相反，持支持型心态的培训师会这样想："今天我一定要讲得更通俗易懂，尽可能照顾到每一位学员。"如果培训师持这样的心态，在讲解一些专业术语或者比较难理解的概念时就会特意慢下来，使用更通俗易懂的语言去解释，还会跟学员有更多目光交流，时刻关注学员的听课状态，进而调整自己的授课节奏，确保学员能够理解授课内容。

● **场景三：遇到经验丰富的学员**

在这一场景下，持防御型心态的培训师会这样想："今天我必须证明自己才是权威。"一旦有了这样的心态，培训师在整个培训过程中就会表现得非常紧张，时刻处于防备状态，尤其是在学员提问或者提出不同想法的时候。这样的心态不仅不利于培训师传道、授业、解惑，还会影响培训效果。

相反，持支持型心态的培训师会这样想："今天我一定要多分享一些内容，让这些经验丰富的学员也能有所收获。"如果培训师持这样的心态，就会对课程内容进行有针对性的调整，让那些经验丰富、水平很高的学员在标准课程设置的基础上多学一些知识，不会觉得今天白来了。

● **场景四：学员不停地发问**

在这一场景下，持防御型心态的培训师会这样想："这些学员问题真多，会耽误课程进度，太烦人了。"一旦持这样的心态，培训师很可能会对学员的提问失去耐心，甚至还没听完就开始回答了。这时培训师就会忽略这些表面听起来有点烦人的问题背后透露出来的真实信息，也就是学员可能没有听懂这个知识点，或者培训师讲解得不够透彻。

相反，持支持型心态的培训师会这样想："原来这么多人对这个主题有疑问，可能是我没讲明白。"在讲到学员不停地发问的相关主题时，培训师就会有意放慢节奏，认真倾听学员的问题，了解他们到底是哪一点没听明白，然后换一种说法复述一遍。培训师换一种说法的时候，才能找到最恰当、最能让学员听明白的方法。

● **场景五：有学员发出挑战**

有的学员会提出一些明显带有挑衅意味的问题，或者在课堂上直接指出培训师的错误。例如，有的学员会说："老师，你刚刚讲的这个地方，我在其他书上看过，跟你讲的不一样。"还有学员会说："老师，你确定这个地方是这样的吗？"学员说这句话的时候，可能脸上还挂着沾沾自喜的表情，心想："哎哟，我发现老师的错误了。"这种情况比前面四种更具挑战性，会让培训师更有压力。

持防御型心态的培训师会这样想："这个学员一定是故意来捣乱的，我一定要搞定他，想办法让他不再向我发出挑战。"如果培训师持有这样的心态，那就中招了。因为培训师一旦有了这样的想法，就会把注意力都放在那个发出挑战的学员身上，忽视了那些想学知识的学员。

相反，持支持型心态的培训师会这样想："这位学员的问题可能会给大家一些启示，不如我来听听他在书上看到的是什么，一起讨论是否存在不同的应用场景。如果这个知识点在不同场景下确实有不同的应用，刚好我可以利用这个机会给大家做个说明。"如果培训师持这样的心态，不仅会让自己很有安全感，而且这位学员补充的信息很可能会让这场培训的内容更加丰富。

● 场景六：遇到回答不上来的问题

培训师不是万能的，因此，在培训中遇到回答不了学员所提问题的情况很常见。

一旦遇到回答不上来的问题，持防御型心态的培训师会非常害怕，因为他们的关注点在于表现自己，得到学员正面的评价，维持自己什么都懂的形象。于是，他们就会想："完了，接下来的课讲不下去了，怎么办？"持这种心态可能会让培训师一下子愣住说不出话来，给人一种准备不足的感觉。有的培训师为了维护自己的权威，急忙给出连自己都不确定的答案，甚至明知答案是错的，却为了应付当下令人难堪的场景而草率回答。但有的学员课后会去验证，有时甚至当场指出培训师的错误，这样就得不偿失了。

相反，持支持型心态的培训师会这样想："这很正常，我并不是什么都懂，我的知识和技能是有限的，但我要在自己的专业领域给学员提供帮助；我并不是万能的，但我需要在课后想办法给出答案。"因此，遇到回答不上来的问题时，培训师首先要接受这种情况，然后不卑不亢地告诉学员："你提的这个问题非常好！不过，这在我们原本的课程安排里没有涉及。培训结束后，我会确认一下这个问题的答案，及时给你反馈。"这样的回复不会让学员觉得培训师不专业或者水平不高，反而会觉得培训师很坦诚，更加信服课程内容。

前面提到人们会本能地更加关注自己的表现和他人的评价，但是，当培训师把自己的心态从防御型调整为支持型后，呈现出来的状态会更专注、更纯粹、更灵活，培训效果自然更好，反而更容易获得学员的认可。这不是一举两得吗？

呈现专业表达：VIBE 原则

培训师调整好心态后，接下来要关注如何通过专业的表达技巧将自己精心设计的培训内容有效地传达给学员。这里的"表达"特指培训师在授课过程中的表达。那么，在授课过程中，什么样的表达才是好的表达呢？本书将介绍一个通用原则——VIBE 原则。

"vibe"这个单词的本意是气氛、氛围，但这里的"VIBE"其实是四个英文单词首字母的缩写，代表好的表达的四个要素。"V"代表"Voice"——声音，"I"代表"Information"——信息，"B"代表"Body Language"——肢体语言，"E"代表"Emotion"——情绪状态。接下来将逐一介绍这四个要素。

● V——Voice（声音）

在培训过程中，想要呈现好的声音，需要注意以下三个方面：

·音量

音量是声音这个要素中最基础的一点，指培训师说话声音的大小。当一个人说话时，自己听到的和别人听到的声音大小是不同的。当我们说话时，自己听到的声音既是通过空气传播的，又是通过我们的身体即固体媒介传播的，而别人听到的声音仅仅是通过空气传播的。此外，我们的耳朵离自己的口腔自然比别人离得更近。所以，我们在说话时，别人听到的声音会比我们自己听到的更小，离我们越远的人，听到的声音也越小。

因此，培训师讲话时，自己听得很清楚还不够，要确保教室里所有人尤其是坐在后排的人都能听清楚。新手培训师一定要在培训教室进行实际测试，不能想当然地认为教室里的人都能听清楚自己的声音。测试方法很简单：在培训开始前，请一位同事或助手坐在教室里离讲台最远的位置，自己则站在培训师正常授课的位置，用正常讲课的音量说几句话，看这个人能不能听清楚。如果这个人能听清楚，坐在其他位置的学员应该都能听清楚。如果教室特别大，正常音量无法让所有人都听清楚，就要准备扩音设备，比如话筒、台式麦克风、挂在身上的"小蜜蜂"（无线麦克风）等。让所有学员听清楚是培训师专业表达技巧的基础，如果学员连培训师的声音都听不清楚，谈其他技巧就没有任何意义。

·语速

培训师在讲授某个主题时，即使是第一次讲课，对这个主题也是很熟悉的，但学员对这个主题就没那么熟悉，甚至是第一次听说一些概念和术语。因此，培训师需要根据学员的情况来适当调整自己的语速。比如，当讲到背景信息或者比较基础的引入性概念时，培训师可以适当加快语速；当讲到一些新概念、专业术语、公式、论证推演过程等需要消化的内容时，培训师就要适当放慢语速，保证学员有足够的时间思考和消化。

每个人在日常生活中都有自己的说话习惯，有的人语速快，有的人语速慢。授课时，培训师一定要有意控制自己的语速，时常站在学员的角度考虑自己的语速学员能否跟得上。以我为例，我在日常生活中语速比较快，但是讲课时，无论是在线上还是在线下，都会刻意放慢语速。对已经熟悉某个主题的学员来说，稍慢的语速可以让他们更轻松地接收信息，并没有什么坏处；而对不熟悉这个主题的学员来说，稍慢的语速则给了他们思考和消化的时间，对他们大有帮助。

因此，我建议即将成为培训师或者已经是培训师的读者，在培训中要尽量语速适中甚至稍微偏慢。这并不容易做到，在前几次的尝试中需要专门关注语速问题，刻意加以控制，但慢慢就会养成讲课时放慢语速的习惯。

· 语调

研究表明，在面向成人的培训中，学员的注意力往往在 30 分钟后就难以集中了，所以培训师要想办法通过语调的变化来吸引其注意力。

例如，"好的声音需要注意三个方面"这句话，如果培训师只是语调平平地念出来，就很难引起学员的注意；如果讲授大段内容时语调也是平平的，学员可能很快就会走神甚至打瞌睡。培训师可以尝试刻意改变语调：比如，在"好的声音需要注意三个方面"这句话中，对"好"和"三"这两个字重读，既强调了这句话的重点信息，减轻了学员的理解负担，又通过语调变化吸引了学员的注意力，使其注意力集中的时间更长。

除了重读以外，适当停顿也可以吸引学员的注意力。

● I——Information（信息）

培训中的信息指培训师说出的话、表达的内容，即想要呈现的信息。培训师要注意以下三个方面：

· 逻辑性

信息的逻辑性指表达的内容要遵循清晰的脉络和明确的逻辑框架。培训师非常熟悉课程内容，讲课时可以在与主题相关的范围内随时切换话题，在不同细节间随意跳跃，而自己不会觉得不连贯。但是，学员不像培训师那样了解课程内容，如果培训师的表达不连贯，就需要花费额外的精力来理解培训师的思路。这样一来，学员在听课过程中就会疲惫，也更容易走神。当他们回过神来，培训师可能又切换到了不同的话题，就完全跟不上了。

相反，如果培训师的表达有着清晰的脉络和明确的逻辑框架，学员听起来会比较轻松，即使偶尔走神，回过神来也可以跟上节奏。因此，建立明确的逻辑框架，并且全程顺着这个框架讲授，可以有效地帮助学员理解培训师想传达的内容。

关于逻辑框架的建立，建议大家遵循金字塔原理和 MECE 原则。前文已经对它们进行了详细介绍，这里不再赘述。

·切题性

切题是一种表达礼仪，体现了培训师对学员时间的尊重。每一位学员的时间都是宝贵的，培训师授课时应尽量避免花太多时间讲述与主题不相关的内容。当然，为了表达的效果或调整学员的状态，培训师偶尔开开玩笑、适当发散思维无可厚非，但这些内容应以辅助主旨表达为目的，还要把握好度，不要花太多时间。

·恰当性

培训师的表达要体现专业性，即使是口头表达，也不能太随意。此外，培训师还要了解学员的背景信息，避免因为文化、地域等方面的原因而让学员感到被冒犯。只有了解每场培训的学员的背景信息，培训师才能准确地避开雷区。

● B——Body Language（肢体语言）

在培训过程中，培训师想利用肢体语言来呈现好的表达效果，需要注意以下三个方面：

·手势

积极的手势可以有效地辅助表达，促进学员对课程内容的理解；相反，消极的手势会影响表达效果，给学员留下负面印象，进而影响培训效果。那么，积极的手势和消极的手势指什么呢？

积极的手势指那些我们有意识做出的、与表达内容相关的手势，比如用手指比画数字，用两只手之间的距离比画大小或长度，垂直移动一只手来表示高度的变化等。这些手势为我们的口头表达增添了生动的视觉效果，从而强化了表达效果，所以叫作积极的手势。

消极的手势则指那些我们无意识做出的、与表达内容无关的手势，比如紧张时搓手，尴尬时拉衣角，不安时双手环抱胸前等。这些手势不仅对表达没有任何帮助，还会干扰学员的注意力。有的手势甚至会传递负面信息。例如，不自信时下意识地摸眉毛、摸额头或者推眼镜，这些手势在心理学上的解释是：人撒谎或感到羞愧时，想尽量用物体或手遮住面部来掩饰自己，从而避免与对方目光接触。培训师讲课时如果出现这样的手势，学员就会产生不信任感，甚至质疑其所表达内容的真实性。因此，培训师一定要刻意避免做这些消极的手势，同时有意识地学习和练习那些可以辅助表达的积极的手势。

·站姿

培训师讲课时往往需要长时间站立，有时从早站到晚，非常辛苦，如果站姿不正确就更累了。本书推荐的培训师站姿是身体自然放松，双脚与肩同宽，后背挺直，身体微微前倾，重心放在脚掌中心，如图9-1所示。这样的站姿既得体，又有助于节省体力，还能在一定程度上缓解紧张感，大家可以尝试一下。

培训师应该避免做出一些过于松弛的站姿，比如用一条腿支撑身体而另一条腿伸出去，站立时不停抖腿，后背靠着墙，臀部倚靠甚至坐在学员的桌子边缘等。以这样的姿势长时间站立，培训师会局部不适，并给人留下一种不严谨、不专业的印象。每位培训师都希望在学员面前展现专业的、可信赖的、值得尊重的形象，因此要避免这样的站姿。

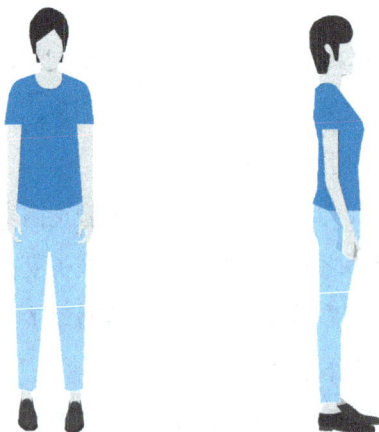

图9-1　培训师站姿

·眼神交流

与学员进行有效的眼神交流，一来可以显示对学员的尊重，二来可以自然地提高学员的参与度。看到某位学员脸上露出疑惑的神情时，培训师通过短暂的眼神交流就可以向他传递这样一个信息："这个知识点你是不是没听清楚？"接下来，培训师换个说法重新讲解一遍，相信这位学员会注意听的。这样一来，学员就会觉得培训师照顾到他的需求。

看到某位学员走神、打哈欠或者跟旁边的人窃窃私语时，培训师如果点名批评，场面就会很尴尬，甚至还会让学员产生抵触情绪。相反，如果培训师友好地递一个眼神，让这位学员知道培训师关注到他了，那他就会不好意思地停止正在做的事情，认真听课。

培训师在跟学员进行眼神交流时要注意，不能只盯着一位学员或只朝一个方向看，要尽可能兼顾不同方位的学员，让每个人都感觉自己被关注到了，这样学员整体的听课状态会比较好。

对有些人来说，眼神交流是很正常的事，直视别人的眼睛也是很轻松的事。但是，有一部分人因为性格问题，不喜欢跟别人眼神交流，直视别人的眼睛时会产生压迫感。如果培训师有这样的问题，怎么办？下面的小技巧会有所帮助：想和学员目光接触时，不要直视对方的双眼，而要看向他的眉心（两个眉毛的中点）。这样看过去的时候，接收目光的人会觉得你正在看向他的双眼，正在和他眼神交流。但你其实避开了对方的目光，不会产生压迫感。大家可以跟身边的同事、朋友练习一下，看看效果是否明显。

● E——Emotion（情绪状态）

在培训过程中，培训师想呈现好的情绪状态，需要注意以下三个方面：

·自信

在授课过程中，培训师只有表现得足够自信，才能让学员信服其传授的知识。站上讲台那一瞬间产生紧张情绪是很正常的，但培训师若无法控制紧张的情绪，就会影响表达，学员也会质疑其所传递信息的可信度。那么，如何做到自信呢？

首先，培训师要非常熟悉培训的内容和流程，这是最基础的，也是必须做到的。在授课过程中，一旦出现忘记下一个主题或下一项安排的情况，培训师的信心可能就会在一瞬间瓦解。在这种情况下，不管培训师在其他方面做得多好，都会对培训的整体效果产生负面影响。因此，培训师登台讲课之前，一定要做好充足的准备工作，对培训的内容和流程烂熟于心。

其次，熟悉培训环境也有助于培训师增强自信。如果条件允许，培训师应尽可能提前到培训教室，熟悉并确认教室布局和设备的状态。这一点在"课前准备"那一章提到过，这里不再赘述。

再次，除了做好充足的准备以外，如果培训师可以运用好上文提到的声音、信息和肢体语言三个方面的技巧，即使仍然有紧张情绪，呈现出来的状态也会让学员认为你是非常自信的。

最后，即使做到前面三点，出于种种原因，培训师仍然有难以控制的紧张感，怎么办？还有一个小技巧可以帮助培训师缓解生理上的紧张感，从而增强自信。如果你上台的时候感觉特别紧张，出现呼吸急促、心跳加快等生理现象，可以试着做几组深呼吸练习：先用鼻子深深地吸一口气，然后尽可能慢地用嘴巴把气缓缓吐出。连续做两三次后，你会惊喜地发现自己的心跳慢下来了，呼吸也变平缓了。这样的生理变化会向大脑传递"危险解除"的信号，进而消除紧张感，形成正向循环。

· 热情

热情，指培训师要对培训内容保持适当兴奋，用自己的状态感染和带动学员，让学员更加信服培训内容。只有培训师相信并且热爱自己讲授的培训内容，学员才有可能被感染，从而信服培训内容。

除了保持适度兴奋以外，培训师还要特别注意避免叹气、耸肩、低头等传递厌倦、轻视、默然等消极信息的动作。想象一下，如果你作为学员坐在台下，看见培训师在台上时不时唉声叹气，你的状态一定会受影响，觉得培训内容不值得认真听下去。

· 贴心

贴心指培训师应充分考虑到学员的个人需求。这一点看起来重要性不高，但如果做到了，则有助于培训师与学员建立良好的关系，让学员喜欢培训师，而这对营造良好的培训氛围有很大帮助。那么，如何做到贴心呢？

例如，如果培训时间比较长，那么培训师可以提前准备好水和茶食并及时安排课间休息；如果学员对授课语言不是很熟悉，那么培训师可以提前准备好双语材料；如果有一些学员是特殊群体，那么培训师在培训过程中就要尽可能避免涉及那些可能会引起他们不适的内容。

在"课前准备"那一章的"了解培训对象"那部分介绍过如何在课前了解学员的信息，这有助于培训师做到贴心。

以上就是本书关于呈现专业表达方面的建议，希望各位读者从现在开始有意识地训练自己表达的专业性。不管是培训授课的时候，还是日常跟组员或同事沟通的时候，你都可以试着用 VIBE 原则来要求自己。一旦开始练习，用不了几周，你就会在专业表达的呈现上取得质的飞跃。

留下美好印象：认知陷阱

培训师想做好培训控场，还有一个重要方面需要注意，那就是给学员留下美好印象。如果学员对培训师整体印象很好，一方面会更信服培训内容，课程的参与度也会更高，培训效果自然更好；另一方面，学员会对培训师更友好，培训师的授课体验也会更棒。

那么，如何给学员留下美好印象呢？我们需要先了解人们在接触新事物或者认识新人时必经的认知过程。当学员刚接触一位新的培训师时，会沿着以下认知过程慢慢做出接受或排斥的决定：

● 第一步：感官印象

认知过程的第一步是通过眼、耳、鼻、舌、身等基本的感官对接触到的新事物或新人形成第一印象，也就是初步的感官印象。

在培训一开场，学员往往会很快通过视觉和听觉对培训师形成初步的感官印象。与视觉相关的印象主要是培训师的整体形象，包括衣着、发型、妆容、站姿、举止等；与听觉相关的印象主要包括音量、语速、语调、口音、说话方式、说话内容等。

● 第二步：主观评估

通过感官形成第一印象后，学员会基于自己以往的经验、教育背景、职业经历、文化等，对培训师进行整体评估，即评估这是一个什么样的人。这个评估可能会比较主观，因为不同学员基于不同的个人背景，对同一位培训师的表现可能会给出不同的评估结果。

● 第三步：情感判断

在内心做出评估后，学员会对培训师做出初步的情感判断，比如喜欢或不喜欢这个人。

● 第四步：做出反应

有了情感判断后，学员自然就会对培训师做出行为上的反应，比如接受或拒绝这个人。如果上一步产生的情感判断是喜欢，那么学员的反应就是接受，也会在培训中做出一系列积极的表现，比如更信服培训内容，更积极地参与互动，对培训师更友好等。

相反，如果上一步产生的情感判断是不喜欢，那么学员的反应就是拒绝，也会在培训中做出一系列消极的表现，比如会质疑甚至排斥培训内容、不愿参与互动、对培训师发出挑战等。

这是一个自然的过程，不管是在培训过程、工作场合还是日常生活中都会发生。

本书要给大家介绍的是这个认知过程中四个常见的陷阱。如果培训师事先了解这四个认知陷阱，并加以巧妙处理，就可以给学员留下美好印象。反之，如果培训师没有注意到这些陷阱，不小心掉了进去，就可能给学员留下负面印象，从而影响培训效果。

● 首因效应

首因效应在"培训开场"那一章详细介绍过，主要强调第一印象产生的影响很重要。第一印象是整体印象的基础，因此在培训过程中，培训师开场时给学员留下良好的第一印象至关重要。那么，如何给学员留下良好的第一印象呢？

首先，着装合适。前文已经详细介绍了培训师的着装要求，你可以参照前三种来准备自己的着装。

其次，谈吐专业且得体。培训师开口说话时，专业的用词、得体的谈吐也能给学员留下良好的第一印象。

再次，开场吸引人。这部分内容在"培训开场"那一章进行了介绍，包括吸引人的培训师自我介绍、有意思的破冰设计以及有效的期望管理。

最后，在培训一开始，让学员看到你精心完成的准备工作，比如专业的课件设计、整齐的教具摆放、齐全的参阅资料等，这些细节上的视觉信息也有助于给学员留下良好的第一印象。

● 近因效应

近因效应和首因效应相对，指在多种刺激依次出现的时候，印象的形成主要取决于后来出现的刺激，即在交往过程中，人们对他人最新、最近、最后的认识占据主体地位，掩盖了之前形成的印象。最后的印象往往是最强烈的，可以冲淡此前产生的各种印象。因此，培训师在培训的收尾部分给学员留下的短暂印象，在很大程度上会影响学员对他和这场培训的整体评价。

那么，培训师如何在培训即将结束时给学员留下好印象呢？

首先，收尾时要对整场培训进行系统的总结，帮助学员回顾所学知识，有需要的话，可以把相关资料分享给大家。

其次，诚恳地收集学员的反馈，让他们感受到自己的意见是重要的、有价值的。

再次，在培训即将结束的时候，不要表现出一种想赶快结束培训的状态，而要仍然能够专业且耐心地解答学员提出的问题。

最后，临近结束时，给出对学员真诚的建议和祝福。

如果培训师在收尾时能做到这些，就能给学员留下比较好的整体印象。

● **相似效应**

相似效应指在人际交往过程中，人们之间的相似性会引发喜欢和吸引的情绪或态度。也就是说，人们普遍会喜欢与自己相似的人。同样，人们在接触新的人或物时，也更容易接受自己熟悉的。因此，如果培训师能够通过对内容安排和授课方式的把控，带给学员一种似曾相识的感觉，学员对培训师和培训内容的接受程度就会更高。

如果培训师想要很好地利用相似效应，就需要根据学员的性别、年龄、地域、行业、职位、爱好等个人信息，在内容安排上有针对性地选择那些能让学员产生共鸣的例子。这样学员会有一种似曾相识的感觉，进而对培训内容和培训师产生比较好的印象。

例如，如果大部分学员来自制造业，培训师在举例或者分析案例的时候就尽量使用这个行业的例子；如果学员都是刚毕业的学生，培训师就可以列举一些轻松活泼的、年轻人比较喜欢的时事新闻或娱乐新闻。

那么，这些信息从哪里获取呢？主要有以下四种不同的获取途径：

首先，可以通过课前发放问卷来获取。培训师可以要求学员在报名时填写问卷，这样就可以收集到学员的行业、职业、性别、年龄等基础信息。

其次，可以通过开场破冰来获取。在进行破冰游戏的过程中，学员可能会提到他们来自哪个城市以及他们的年龄段、职位、行业等，培训师可以根据学员的输出记录下这些信息。

再次，可以通过课间聊天来获取。与学员的爱好相关的信息，可以通过课间自然地和学员聊天来了解。

最后，可以通过授课过程中的观察来获取。像性别、年龄等基础信息，培训师就可以观察到。

● **光环效应**

光环效应在"培训开场"那一章详细介绍过，指一个人的某种特征给人留下好印象后，在此印象的影响下，人们对他的其他特征也会给予较高的评价，从而对他产生较好的整体印象。因此，如果培训师能在培训一开始就显现光环，那么学员很可能在接下来的培训中会更接纳他。如果培训师想很好地利用光环效应，就需要在培训开场进行自我介绍的时候，自然地呈现自己作为培训师的光环。

关于光环的呈现，有以下两个需要注意的地方：

第一，光环应与培训内容相关。

例如，如果培训主题是项目管理，那么培训师自我介绍的信息就应该是与培训内容相关的光环，比如担任的高级职位，从事项目管理较长的工作年限，与项目管理相关的资质认证，管理过较多的项目，有代表性的项目经历及结果等。

相反，如果一位培训师在项目管理的培训中介绍自己马拉松获得业余级第几名，自己曾经是某省高考状元，自己常年参加公益活动等，就没有那么相关了。这些当然也是光环，但并不适合放在培训开场的自我介绍环节中，因为它们与培训内容无关，会让学员觉得培训师谈这些仅仅是为了表现自己，甚至可能会产生反作用。

第二，保持谦虚的姿态。

即使是与培训内容相关的光环，培训师在介绍的时候也要尽量客观，表现得谦虚一些，切记不要以得意和炫耀的姿态来分享这些信息。因为有些学员比较敏感，别人得意和炫耀的姿态会引起他们的敌意。

有效学员互动："汉堡"准则

想实现控场，有效的学员互动必不可少。在培训过程中，培训师与学员互动的形式多种多样，但是站在培训师的角度总结一下，无非是"培训师接收学员反馈"和"培训师给学员反馈"两种形式。

这里说的"反馈"不一定是建议或批评，只要是基于培训内容的信息传递，就可以理解成反馈。接收学员反馈和给学员反馈是培训中常见的互动形式，有经验的培训师会遵循一定原则，使互动过程变得更加自然且高效。

在介绍这些原则之前，我们先明确一下培训师在哪些情况下是反馈的接收者，在哪些情况下是反馈的提出者。

培训师作为接收者听取学员反馈的常见情况如下：

首先，听取学员的提问。这是最常见的接收学员反馈的方式。

其次，主动收集阶段性的反馈。培训师主动询问学员对某部分内容是否还有问题、是否还有想法想与人分享，这一般出现在某个主题告一段落或整场培训结尾的时候。

最后，被动接收随机的建议。这种情况与上一种情况相反，不是培训师主动收集反馈，而是学员基于自己的想法和需要，在培训过程中提出建议。这时培训师就是随机地、被动地接收学员的反馈。

培训师作为提出者给学员反馈的常见情况如下：

首先，点评学员的表现。培训师会在课堂上布置作业、练习题，或者提一些与课程相关的问题请学员回答。在这个任务（做作业、做练习题或回答问题）完成后，培训师会对学员的表现进行点评。这个点评可能是针对学员的作业、练习题或回答的内容，也有可能是针对学员的整体表现。

其次，点评小组练习的结果。培训师在培训过程中会设置一些小组活动和游戏，学员们需要分组展示自己的结果，然后培训师会对每个小组的结果进行点评，或者组织评比，选出表现最好的小组。

最后，干预影响课堂的行为。培训师作为课堂纪律的维持者，需要及时对一些影响课堂气氛和课堂秩序的行为（比如交头接耳、迟到、接电话等）进行干预。

那么，培训师作为反馈接收者时要怎么做呢？本书总结了以下几个基本原则供大家参考：

● 原则一：带着兴趣仔细听

当学员提问的时候，培训师只有带着兴趣仔细听，才能挖掘到问题背后隐藏的真实信息：学员提出这个问题，意味着有某个知识点没有搞明白。当培训师带着兴趣去听以后，才有可能给出学员想要的答案。当学员给培训师提意见或建议的时候，培训师更应该带着兴趣仔细听，不管这个意见或建议是培训师主动收集的还是被动接收到的。如果学员给了一个反馈，培训师表现出一副不在乎的样子，轻描淡写地一笔带过，就会打击学员的积极性，其他学员也就不太愿意再给出建设性的意见或建议了。所以，培训师带着兴趣仔细听是最基本的要求。

● 原则二：不要打断学员的发言

学员在提问或者给出意见、建议的时候，培训师要耐心地听学员把自己的意思完整地表达清楚，不要打断学员。在培训过程中，不管培训师怎么强调自己与学员的关系是平等的，学员在一定程度上还是会把培训师当作一个权威者来看待。培训师作为自带"权威者"头衔的角色，如果时不时地打断学员的发言，学员本来就处在一个比较弱势的位置，这时就更不知如何组织语言了。

因此，在学员发言的时候，培训师要耐心听他们说完再给出反馈。培训师有时可能没听清楚，但也不要打断学员，等学员说完后试着复述一下，以确认是否听明白了，这也体现了对学员的尊重。

● 原则三：筛选出对自己有帮助的内容

这一点主要针对学员提出的意见和建议。虽然学员会给出基于其视角和立场的很多意见和建议，但作为培训课程的设计者来说，培训师应该对培训目标和预期效果有把握。有一千个读者就有一千个哈姆雷特，学员的视角、立场、参加培训的目的各不同，甚至个别学员并不是本场培训的目标学员，因此学员提出的意见和建议不一定都值得参考。

培训师虽然要带着兴趣仔细听，不打断学员的发言，但在接收到这些反馈后，还是要做出自己的判断，从中筛选出对自己和培训课程有帮助的内容，然后加以吸纳。

● 原则四：接收到反馈后表示感谢

这一点针对的仍是学员提出的意见和建议。不管是学员主动提出的，还是培训师收集到的，培训师都要向学员表示真诚的感谢。学员贡献了自己的时间和思考，无论意见和建议是否被采纳，都是值得尊重的。

那么，培训师在给出反馈的时候要怎么做呢？本书也总结了以下几个基本原则供大家参考：

● 原则一：以对接收者有益为目的

这是一个基本要求，也是所有要求中最重要的一个。

在对学员的表现或小组练习进行点评时，培训师的出发点必须是通过点评去帮助学员——帮他们规避今后可能会出现的错误，或为他们提供改善方案。这样的出发点会让培训师站在学员的立场考虑问题，在语言的组织上也会更谨慎，让学员更容易接受。而且，通过反馈来帮助学员进步本来就是培训的目的之一，是培训师应该做的。培训师千万不能为了体现自己的专业性而给学员制造压力。即使是在对影响课堂的行为进行干预时，培训师仍应本着对接收者有益的目的给出反馈，避免学员产生抵触情绪。

● 原则二：反馈要及时

这个要求主要针对培训师对影响课堂的行为进行干预的情况。对学员个人表现或小组练习的点评都是培训安排的一部分，培训师只需按既定顺序往下进行就行了，并不需要太多技巧。但是，在对影响课堂的行为进行干预时，很多培训师就不那么自在了。

影响课堂的行为有哪些呢？比如，培训师在台上讲课时，学员在下面交头接耳，窃窃私语；学员在培训过程中迟到早退；培训师正在讲课，学员的电话突然响了，然后直接在座位上接听……这些行为会干扰课堂秩序，还会影响课堂氛围，并影响其他学员听课，因此需要干预。

为什么干预要及时呢？

一方面，只有及时进行干预，才能尽快、尽早阻断这种行为对课堂秩序的不良影响，把它对其他学员的影响降至最小。另一方面，只有在问题发生的当下及时给出反馈，才能让这个反馈本身更客观。因为往往在问题发生的当下，培训师的反馈只针对这个具体问题本身，学员也知道培训师说的是什么事，培训师很容易做到就事论事而不是针对个人进行评价。如果等到培训中场休息或结束时，培训师才跟某位学员反馈说"你早上迟到了，那样不太好，下次要早点来"，那么这位学员就会觉得培训师整个上午对他的印象都不太好，才会等到这个时候告诉他。

● **原则三：给出反馈时要请求接收者的允许**

在对影响课堂的行为进行干预时，培训师应该有这个意识：当我们想指出别人哪里不足时，要先说一句"可以跟你分享一些我的观察吗"或者"有件事情想跟你沟通一下"，做一下铺垫。但是，在对学员的表现或小组练习进行点评时，很多人会忽略这一点。

建议大家在点评学员的时候，最好也加上一句开场白，比如"我可以对你刚刚的表现给点反馈吗"，或者"我可以对你们小组的结果给点建议吗"。即使学员本就知道接下来该老师点评了，但听到这样的开场白，也会觉得受到尊重。学员接下来听到一些建设性的意见、建议甚至是批评时，也更容易接受。

● **原则四：像汉堡一样组织语言**

这里的"汉堡"是什么意思呢？它是指培训师在给学员反馈的时候，尤其是提出一些建设性的意见或建议的时候，说话的结构要像汉堡一样：首先给一块软软的面包，代表一些正面的肯定；接下来给汉堡中间的肉和菜，代表你想要对方注意的不足之处或者想让对方改进的地方；最后，在反馈结束前，不要忘记再给一块软软的面包，也就是一个积极的结尾。这就是"汉堡"准则（见图9-2）。

图9-2　"汉堡"准则

接下来看汉堡结构的每个部分具体指什么。

顶部那块面包指你要以对反馈接收者的肯定和认可作为反馈对话的开始。但要注意的是，肯定和认可的部分必须符合客观事实，你不能为了有一个正面的开场，随便说一些对方都不相信的话。

中间的肉和菜指你想要给出的反馈内容，也就是对方需要注意的不足之处，或者你想让对方改进的部分，即建设性的意见和建议。然而，在提意见和建议的时候，你不能一味指出不足，而要做到以下两点：

第一，你的反馈要明确指出对方需要改进的地方，最好通过具体的例子来说明，而不是给出论断性的评价。 比如，你可以说"刚刚讲到上一个主题时，你和旁边几位学员在交谈"，而不是说"我觉得你上课不认真听讲"。

第二，在指出对方需要改进的地方后，你还要提出关于如何改进的有现实意义的建议。 比如，当学员回答完一个问题后，你要具体告诉他哪些内容回答得不够准确，应该如何改进和更正。这样才是真正本着以对学员有益为目的的反馈。又如，你可以说"这个方案在这几个方面还有一些提升空间：一……二……三……"，不要仅仅说"这个方案有待完善"。

底部那块面包指你在对话结尾时要对反馈的接收者进行鼓励，或者给出你对完成共同目标的期盼。比如，你可以说"总体来说，你们的想

法还是很有深度的"，或者说"相信到培训结束的时候，你们的思路会
更开阔"。

在应用"汉堡"准则时，有一点特别需要注意：汉堡的结构是固定不变
的（要先放一块面包，再放肉和菜，最后再加一块面包），但每个部分的比
例却可以因人而异，需要根据反馈接收者的国籍、年龄层等灵活调整。

虽然一定程度上存在刻板印象，但一般来说，东亚国家的沟通习惯是比
较客气、委婉的，而在欧美国家，直接的沟通风格更容易被人们接受。如果
接收反馈者是日本人或韩国人，那么培训师开场和结尾的"面包"就要铺垫
得厚实一些，才不会让对方感到被冒犯。相反，如果接收反馈者来自注重
效率的德国，那么培训师在跟他们沟通时，就需要把最上面和最下面的"面
包"适当变薄一点，尽快进入主题并尽量干脆地结尾，把更多时间留给核心
内容，否则可能会让对方一头雾水，甚至觉得你不够真诚。

除了国籍以外，年龄层的差异也是一个主要影响因素。相对来说，"90
后"和"00后"更喜欢简单直接的沟通方式，"50后"和"60后"则更习
惯委婉的沟通方式。所以，培训师需要基于对不同反馈对象的了解来组织反
馈的汉堡模型，才能达到最佳的反馈效果。

应对尴尬情景："六脉神剑"

培训过程中偶尔会出现尴尬情景，能自如应对是培训师控场能力强的重
要体现。培训师对尴尬情景的处理结果也会在很大程度上影响培训效果。

那么，培训师该如何巧妙应对尴尬情景呢？我给大家分享一个秘密武
器——"六脉神剑"。这里的"六脉神剑"指面对培训中常见的六种尴尬情
景时，培训师最恰当的做法。

● **情景一：不小心讲错了内容**

新手培训师经常会因为对培训内容不够熟悉而犯小错误，即使是很有经验的成熟培训师，偶尔也会出现口误。无论是谁，讲课时出错都很尴尬。那么，培训师应该如何化解尴尬且不影响培训效果呢？

一是在发现错误的第一时间坦然自若地直接纠正。 当意识到自己讲错了时，一些新手培训师会立刻停下来向学员解释道："对不起，我讲错了。"坦诚是好的，但这样突兀的一句话会强化"老师犯错了"这件事在学员心中的印象，可能会影响培训效果。如果是不严重的错误，培训师可以把正确的内容重复一遍，直接纠错。这样既节省了课堂时间，也强调了正确的内容，反而可以加深学员对正确内容的印象。

二是在后续的讲解中找准时机纠正前面讲错的内容。 比如，培训师在一个小节结尾的时候很自然地说："刚刚在这一节的开头提到一个问题，我在这里纠正一下，正确的说法应该是……"以这种方式化解讲错的尴尬，学员也会觉得比较自然，还能集中注意力。

三是若被学员指出错误，应纠正错误并表示肯定和感谢。 学员当着所有人的面指出培训师的错误，的确令人尴尬。培训师首先要做的是放平心态，避免表现出本能的防御状态，然后要坦诚地承认自己讲错了，并对指出错误的学员表示肯定和感谢。培训师可以这样说："谢谢这位学员指出这个问题。我看到了你的专注和思考，希望大家也可以积极主动地思考。"这样既化解了尴尬，又调动了学员听课的积极性。

最后强调一点：不管用以上哪种方法，其共同点都是培训师对自己犯的错进行纠正。千万不要为了维护自己的权威或碍于面子而装作什么事都没发生，否则就违背了初衷。

● **情景二：遗忘培训内容**

这是培训中偶尔会发生的。即使是身经百战、准备充分的培训师，偶尔也会因状态不佳突然出现大脑一片空白的情况。这时如何化解尴尬呢？当然，充分准备和反复锤炼可以大大减少这种情况的发生，但这并不是我们关注的重点。我们关注的重点是在培训现场意识到自己忘了后面要讲的内容时应该怎么做。我给大家分享三个方法。

第一个方法是使用 PPT 演示者视图。 在使用演示者视图时，培训师可以一边讲课一边不时地看看上面的注释。PPT 放映时有两个视图，一个是用投影仪投给学员看的视图，另一个是演示者视图。在演示者视图中，培训师可以看到当前页、下一页、整套课件的进度条以及提前编辑好的注释。如果培训师在放映 PPT 的计算机上设置的是演示者视图，那么讲课时就可以随时看注释了。

第二个方法是使用手卡。 培训师要提前准备好手卡，或者把培训师手册放在旁边，遗忘培训内容时可以用余光瞟一眼，快速回忆接下来要讲的内容。

第三个方法是用铅笔打草稿。 如果培训师使用活动挂图授课，还可以提前用铅笔打好草稿，一旦忘了接下来要讲的内容，就可以快速看一眼草稿，以起到提示作用。

上面两个尴尬情景是由培训师自身原因引起的，下面四个尴尬情景则是由学员引起的。

● **情景三：学员走神犯困**

前文多次提到过，职场培训的特点之一是学员注意力集中的时间较短，容易受外界干扰，走神的情况时有发生。此外，当一个人长时间集中注意力且一直在思考时，也比较容易犯困。虽然学员走神犯困很正常，但为了保证培训效果，培训师仍需干预。那么，应该如何干预呢？

首先，如果是个别学员走神，培训师可以用眼神提醒该学员"我注意到你了"，对方就会由于不好意思而迅速回过神来。

其次，培训师可以通过语音语调的变化来吸引学员的注意力，说话时适当停顿或重读，提醒那些走神的学员回过神来。这样的提醒既不会让学员感到尴尬，又不会耽误培训的进度。一般在这样的善意提醒下，大部分学员都可以迅速把注意力转移到培训内容上来。

最后，如果培训师意识到很多学员都有困意，甚至哈欠连天，就可以考虑暂停一下，让大家休息几分钟醒醒脑。

关于学员走神犯困的情景，需要提醒大家的是：培训师要把心态放轻松些，认识到这是正常的生理现象，千万不要一看到有学员走神犯困就认为是自己出了问题，从而产生挫败感，甚至丧失信心。

● 情景四：讨论停不下来

培训中常见的第四个尴尬情景和上一个情景刚好相反，学员不仅没有走神犯困，反而非常兴奋，讨论得很激烈，停不下来。培训师希望看到学员热烈讨论，但讨论时间过长或者气氛过于热烈会影响培训进度，毕竟你需要在规定的时间内讲完所有内容。在这种情况下，培训师应该如何处理呢？我给大家分享三个方法。

第一个方法是计时。培训师可以准备一个有提示音的计时器，在讨论开始前设置好倒计时，倒计时结束时会响起提示音，提醒学员讨论应该结束了。这显然比培训师大声说"请大家安静"更容易让学员接受。

第二个方法是放音乐。如果培训师觉得计时器的提示音太生硬了，可以准备一条有趣的语音或一段音乐，讨论时间一到就播放，让学员在轻松愉快的氛围中结束讨论，回归接下来的培训内容。

第三个方法是使用话术。除了借助道具以外，培训师也可以用巧妙的话来终止大家的讨论。比如，培训师可以说"大家的讨论实在太精彩了，我们给自己一点掌声"，一边说一边鼓掌。这和培训师说"请大家安静"并拍手时的效果一样，但更有礼貌，也更自然，不会打击学员的积极性。

● 情景五：没人回答问题

培训中还有一个常见的尴尬情景是培训师提出问题后没人回答。提问是非常简单的一种互动，可以活跃课堂气氛，启发学员思考，突出重点内容，还可以了解学员对授课内容的掌握程度。培训师提出问题后，最怕的是台下一片寂静，没人回答。这的确很尴尬，但也很正常。从学员的角度来看，有可能是没听懂培训师的问题，有可能是真的不知道答案，也有可能是不好意思在众人面前主动表现。

针对这三种情况，培训师需要区别应对：可以尝试换一种通俗易懂的表述将问题复述一遍，确保大部分学员都听懂了；可以给学员一些提示信息，把问题的难度降低一些；可以主动邀请某位比较熟悉的学员或者听课比较认真的学员来回答。

● **情景六：学员当场质疑**

最后一个常见的尴尬情景是学员当场质疑培训师讲授的内容。面对这种情况，有的培训师会本能地表现出对抗心理，急于向学员证明自己是对的，甚至和质疑的学员争执起来。这样的处理方式既令人尴尬，又耽误时间，还会让培训效果大打折扣。培训师需要明确培训的目的是帮助学员提升能力，而不是证明自己的权威性。那么，正确的做法是什么呢？

首先，培训师要调整好心态，避免产生对抗心理，对质疑的学员表示肯定，对其积极思考和旁征博引给予鼓励。这样一来，质疑的学员也会放下对抗心理。

其次，培训师要耐心倾听学员的想法并做出判断：学员的质疑是因为同一概念的确有不同应用，还是真的存在特殊情况。如果无法在现场立刻给出判断，培训师可以使用"停车场"技巧，告诉学员："为了保证培训进度，我们先把这点记下来，在白板上暂存，等休息时再抽空讨论，或者在培训结束后再参考其他资料进行验证。"在这种情况下，大多数学员会表示理解。

部分 TTT 主题的课程或书籍会建议培训师鼓动大家给质疑的学员鼓掌，甚至鼓动学员上台发表自己的"高见"，用类似"捧杀"的方式让他觉得不好意思，从而放弃挑战培训师。我对这种处理方式持保留意见。一方面，学员质疑大多数时候并不是出于挑战培训师的目的，仅仅是想讨论不同的可能性，这种做法就扼杀了丰富培训内容的机会。另一方面，如果这位学员的确动机不纯，纯粹想挑战培训师，那么这种处理方式会浪费其他学员的时间。而且，这种学员也很容易识破培训师是在使用技巧制约他，进而产生更负面的情绪。

为了应对学员当场质疑的情况，从短期来讲，培训师在培训现场可以使用"停车场"的处理方式；从长期来讲，学员主要质疑的是培训师的水平，因此培训师应从课程内容、授课方式、着装、谈吐、准备工作等方面来提升专业度，降低被质疑的可能性。

：作业——培训控场

请为自己拍摄一段真实的授课视频，时长3 分钟，尽量包含与学员的互动。在授课过程中，请注意以下三个方面的技巧：

· VIBE 原则
· 利用认知陷阱
· 互动技巧

第 10 章

四要素之四：

结尾与跟进

我们将进入本书第 10 章，即培训交付四要素的第四个要素——结尾与跟进。本章将介绍培训收尾、收集培训反馈、追踪培训成果三部分内容。

画龙点睛：培训如何收尾

前面提到三段式课程结构，即培训课程一般包括培训开场、主体部分和培训结尾三部分。

这三部分内容需要在进行课程设计时就设计好，而其中培训开场和培训结尾有较大的灵活度，需要根据每场培训的实际情况进行现场调整，因此本书将其放在"下篇：培训交付四要素"中进行讲解。前面已经详细介绍了培训开场的注意事项，接下来了解一下培训结尾有哪些要求。

上一章介绍了四种认知陷阱，根据其中提到的近因效应，最后的印象往往很深刻，可以冲淡此前的印象，所以培训师在培训即将结束时给学员留下的短暂印象，会在很大程度上影响学员对培训师和培训课程的整体评价。因此，有一个好的培训结尾非常重要。

从内容来看，完整的培训结尾包括以下五部分内容：

● 回顾总结

回顾总结指培训即将结束时，培训师对整场培训的系统性回顾，目的是帮助学员完整地回忆这场培训包含哪些重要内容。

回顾总结的方式有很多种，比较常见的有两种：一种是培训师带着学员回顾，主要是培训师讲、学员听；另一种是培训师把学员分成若干小组，学员先在小组内回顾，然后每组派代表来分享本组回顾的内容。如果培训收尾的时间比较紧，可以选择第一种方式，由培训师来快速回顾，这样效率比较高。如果时间比较充裕，建议选择第二种方式，让学员自己来回顾，当学员的回顾内容有误或者有遗漏时，培训师再及时纠正和补充。

● **效果验收**

培训效果的验收也有很多种方式，这里主要介绍三种。

一是提问抽查。这是简单又常用的方式。培训师在进行课程设计的时候，就可以准备好在效果验收环节需要提出的问题。当培训进行到结尾处的效果验收环节时，培训师逐一向学员提问，通过学员的回答情况来验收培训效果。如果学员对大多数问题都可以异口同声地说出答案，说明学员整体掌握情况比较好。

二是随堂考试。如果是标准化的培训课程，或者培训内容与认证相关，一般需要在结尾时安排一场结业考试，通过考试结果来对培训效果进行验收。

三是回授法。回授法指让学员化身为培训师，把自己在培训中学到的某个知识点讲给其他学员听。"自己学会了"和"能给别人讲清楚"是两个完全不同的概念。如果学员能把某个知识点完整且清晰地讲述出来，说明他对这个知识点的掌握足够牢固。回授法的优点很明显，学员准备的过程就是一个很好的回顾课程内容的过程，可以深入验证自己对点状知识的掌握程度。

不过，回授法也有明显的局限性，即耗时长。首先，不可能有时间让每位学员把每个知识点都讲述一遍，大多数情况下是以抽签的形式，让学员针对不同的主题来讲述。通常由一位学员讲述一个主题是不错的安排。不过，即使每位学员只针对一个主题，总体所需时间也比培训师采用提问抽查和随堂考试这两种方式长得多。因此，如果参加培训的学员比较多，不建议使用这种方式来验收效果。

● **课后安排**

培训师需要在培训结尾时公布课后安排，包括课后作业、后续要完成的任务以及为学员制订的课后计划等，并将这些安排的具体要求、完成时间、提交或反馈方式明确告诉学员。比如，精益工具培训结束后，一般会要求学员选择一个工具来改善工作。六西格玛黄带培训结束后，通常会要求学员完成一个 DMAIC 项目。TTT 主题的培训结束后，往往会要求学员完成自己的课程设计并在规定的时间内完成试讲。一些沟通技巧培训则会要求学员在培训结束一段时间内，每周使用一个沟通技巧并在学员群里打卡。

● **答学员问**

在培训即将结束的时候，学员可能会有很多问题，有的与培训的知识点相关，有的的与某些理论知识在实践中的应用相关，有的则与培训主题相关领域的学员个人职业发展相关。

针对这些问题，培训结尾时是最好的答疑时间。因为这个时候所有课程内容都讲完了，学员对所涉及的知识点已经有了比较完整和系统的认识，对培训师的回答的理解程度会更高。另外，学员刚刚学完新知识，有很大的积极性去发散思考各种问题，培训师也可以利用这个机会收集到更多问题。

"答学员问"除了会专门在培训结尾处设计以外，在整场培训过程中随时有可能出现。那么，培训师怎么做才能随时应对学员的提问呢？培训师在答学员问时要遵循四大原则。

·**原则一：提前准备**

俗话说得好，不打无准备之仗，方能立于不败之地。培训师在答疑的时候也是如此，提前预测学员可能会提出的问题并准备好答案，就能自如应对。一般来说，学员可能会提出以下三个方面的问题：

一是针对理论知识本身的问题。培训中会涉及很多知识点，学员可能就某个知识点提出颇有深度的问题。例如，培训师提到某个公式时，可能有学员会问"这个公式是怎么得到的"或"这个公式具体怎么应用"。为了回答好这类问题，培训师需要把培训内容中涉及的细节都吃透，提前进行深度思考。

二是针对具体工具或方法的实操问题。当培训师介绍某个工具或方法时，可能会有学员问在他们这样一个特殊行业的某个特定工作场景中，这个工具应该怎么应用。培训师需要提前了解这场培训的学员的背景信息，知道他们主要来自哪个行业，该行业有什么特点等。

三是针对学员个人职业发展的相关问题。有的学员参加培训时会关心这门课程属于哪个领域，这个领域有哪些专业认证，有哪些可能的职业发展机会。要回答这类问题，也需要培训师主动了解相关行业的发展动态，以及相关岗位的招聘和就业情况。

·原则二：明确规则

虽然答学员问可能会随机出现在整个培训过程中，但培训师应该在培训一开始就根据自己的授课习惯和期待的培训氛围向学员说明提问的规则。培训中的提问规则通常有以下两种：

第一种是学员可以随时提问。这种提问规则会让整体的培训氛围比较轻松，但对培训师控场能力的要求比较高。培训师须做好随时被打断的准备，还得随时切换注意力和关注点来应对学员的提问。

第二种是要求学员在某个主题结束后统一提问。这种规则对培训师来说比较有利，也比较容易控场，但可能会让部分学员觉得没那么自在。

如果是控场能力比较强的资深培训师，整场培训的内容安排也不是很多，就可以选择第一种提问规则。如果是控场能力尚待提高的新手培训师，或是在培训内容紧凑、时间紧的情况下，第二种提问规则会是更好的选择。

需要注意的是，不管选择哪一种提问规则，培训师都要在培训开场时向学员明确说明，接下来执行的时候才有据可依。

·原则三：允许自己不知道

有时在培训过程中会遇到超出自己知识和经验范围的提问，培训师要允许自己不知道答案。每个人的知识和能力是有限的，培训师即使提前做了很多准备，也不可能涵盖学员提问的方方面面，就有可能出现学员提的某个问题在现场没有办法解答的情况。这时不必紧张和惊慌，培训师首先要坦然地承认自己不知道这个问题的答案，然后使用一些控场技巧。

不过，培训师不用很直白地说自己不知道答案，可以比较灵活地、有技巧地告诉学员："这个问题在我们的培训内容中没有涉及，等课间休息时或者培训结束后，我确认了再给你回复。"这就是一个很自然且诚恳的解释，学员是可以接受的。

还有一种情况是培训师不知道答案，但因为学员提的问题与培训主题无关，就可以明确地告诉学员："这个问题跟我们的培训主题无关，由于时间关系，我们暂且不讨论。有兴趣的话，可以在中场休息时或课程结束后在小组内讨论。"

· 原则四：为自己的回答负责

培训师要为自己回答的所有内容负责。对自己没把握的问题，培训师可以像前一个原则建议的那样不回答，但凡是公开的回答，都必须是真实的、准确的，不能基于自己的猜测或假设给出不确定的答案。

● 寄语祝愿

在整场培训的最后，培训师要给学员送寄语。常见的培训师寄语主要包括两方面内容：一是对学员在整场培训中的表现加以肯定，感谢大家的参与和配合；二是对学员在培训结束后的职业发展，尤其是与培训主题相关领域的职业发展的祝福、期许和建议。培训师送寄语的目的是以一个积极、温馨的基调结束整场培训。

广开言路：如何收集反馈

顺利完成培训收尾后，恭喜你，你已经完成一场培训中 99% 的工作了，剩下 1% 的工作就是在学员离开教室前进行培训反馈的收集。虽然此时培训内容已经讲完了，收集到的反馈对本场培训不会有什么作用，但这些反馈是培训课程长期优化的重要输入。

正如前面提到的，收集内部学员的反馈是实现 PDCA 循环中第三个步骤——检查的重要工作。那么，如何收集学员的反馈呢？常见的培训反馈收集方式有以下三种：

● **便利贴**

在学员离开教室前，请他们在便利贴上写下自己对这场培训的反馈，每条反馈写在一张独立的便利贴上。在学员离开教室的时候，让他们把便利贴贴在教室门口的白板或活动挂图上，并把那些写有他们认为做得好的、希望培训师继续保持的便利贴放在一起，也把那些写有他们认为做得不好的、有待提高的、希望在今后的培训中能加以改善的便利贴放在一起，最后就会形成如图 10-1 所示的效果。

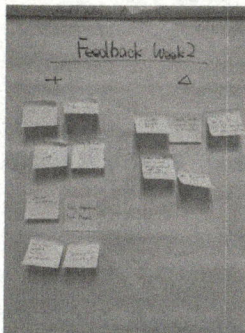

图 10-1　便利贴

培训师收集到这样的便利贴后，主要看那些需要改善和有待提高的反馈，作为将来优化课程的输入。至于正面反馈，培训师也可以留作参考，作为自己的优势继续保持下去。

这种培训反馈收集方式的好处在于，没有太多条条框框的束缚，学员写的时候非常自由，完全可以按照自己的观察和体验写出自己认为最重要的反馈。

● **纸质调查问卷**

纸质调查问卷如图 10-2 所示，在培训前就设计好了，在培训结束的时候发给学员，让他们给问卷上的每一项打分。收集到学员填写的问卷后，培训师就知道这场培训在学员心中的整体印象，以及提前设置好的问题所代表的各个方面的评分，从而明确这场培训的优点和缺点。

LSS YB Training Feedback （精益六西格玛黄带课程反馈）

1. What's your name? （您叫什么名字？）*
_____

2. How much do you think the training meets your expectations? 0 is none, 10 is almost all. （您认为这场培训多大程度上满足了您的期望？0 分是完全没有满足，10 分是完全满足。）*
○0   ○1   ○2   ○3   ○4   ○5   ○6   ○7   ○8   ○9   ○10

3. Do you think what you learned can be applied at work? 0 is none, 10 is very likely （您认为今天所学会应用于工作中吗？0 分是完全不会，10 分是很有可能。）*
○0   ○1   ○2   ○3   ○4   ○5   ○6   ○7   ○8   ○9   ○10

4. Has the trainer explain everything clearly? 0 is none, 10 is almost all. （培训师是否把每个知识点都讲清楚了？0 分是完全没有讲清楚，10 分是完全讲清楚了。）*
○0   ○1   ○2   ○3   ○4   ○5   ○6   ○7   ○8   ○9   ○10

图 10-2　纸质调查问卷

● **电子问卷**

电子问卷（见图 10-3）和纸质调查问卷的实质一样，只不过后者是把问卷打印出来，以纸质的形式发给学员，而前者是直接把问卷的链接发给学员，由学员点击链接在线填写，更方便快捷。而且，收集到电子问卷后，很多小程序和小软件可以自动分析调查结果，减少培训师的工作量。

图 10-3　电子问卷

　　无论使用上述三种方式中的哪一种向学员收集培训反馈，都可以达到很好的效果。一方面，培训反馈的收集可以为培训课程的持续优化提供潜在改善点。另一方面，它还可以实现以下效果：有助于培训师了解不同背景学员的不同想法，体现培训师对学员想法的重视，并自然且专业地结束整场培训。

开花结果：如何追踪成果

　　培训结束后，培训师还有很多后续工作要完成。这些工作包括但不限于教具的复位整理，培训材料的分享，课后答疑，实操项目、工具、方法的长期辅导，相关知识技能证书的颁发，基于学员给出的反馈进行持续改进，以及培训效果的追踪。其他后续工作要么简单直接，要么并不适用于所有培训，因此这里只讲最后一条——培训效果的追踪。

　　为了验证培训效果，实现培训目标，了解学员的知识掌握程度和实际应用水平，培训师需要对学员进行评估与跟踪。一般有以下两种评估与跟踪形式。

● 培训现场的成果验收

　　这种形式一般由培训师在培训结尾时组织，主要包括以下四种方式：提问抽查、随堂考试、回授法和培训反馈收集。前三种是在培训结尾的效果验收环节使用的，培训师可以综合考虑培训结尾预留的时长、培训的性质、学员的需求等因素，选择一种或多种最合适的方式来完成效果验收。至于第四种方式，培训师在进行培训反馈收集的时候，只需提出与知识掌握程度相关的问题，就可以达到验收培训效果的目的。这四种方式在前面都介绍过了，这里不再赘述。

● 培训结束后的长期追踪

　　这种形式一般由培训需求提出方即企业的人事部门或相关业务部门组

织，追踪结果会反馈给培训师。长期追踪包括以下四种方式：

·跟踪问卷

在培训结束一段时间后，比如一个月或一个季度后，给参加培训的学员发放调查问卷，了解他们当前的知识掌握程度和实际应用水平。

·学员代表小组访谈

从参加培训的学员中选出几名代表，组成焦点小组进行访谈，以了解学员在培训结束后的实际工作中发生了哪些改变，还有哪些方面有待提高。

·学员工作表现评估

这主要依据学员培训前和培训后的对比，以及参训员工和未参训员工的对比，来评估学员在工作方法、工作习惯、工作态度、工作精神等几个方面是否有明显改善。这可以通过结构化的培训效果评估表来完成。

·企业绩效评估

基于对员工具体工作表现的评价，来衡量企业绩效是否有所提高。比如，在培训结束一段时间后，企业的产品质量是否明显提高，流程效率是否明显提升，运营成本是否明显降低。培训师可以通过产品报废率、按时交付率、成本、库存、客户满意度等定量指标来衡量。

⋮作业——结尾与跟进

请为你的培训课程设计成果追踪方式。

特别篇

线上培训

第 11 章

线上培训

2020 年新冠肺炎疫情暴发后，很多公司就把线下培训转移到线上，培训师也将授课地点从教室里转到屏幕前。

这样的变化看似是受疫情的影响，但其实早在疫情暴发前，从节约成本和提升灵活性的角度出发，很多公司已经在尝试各种形式的线上培训，疫情仅仅是提供了一股助推力，加速了这种变化。随着人们对线上活动的适应和办公方式灵活性的提升，线上培训已作为一种常态化的培训方式持续存在。因此，能够得心应手地交付线上培训也就成了一名优秀培训师的必备能力。

线上培训泛指依托互联网将知识教育资源信息化的培训方式。线上培训的受众多样，因为本书的培训特指面向成人的职场培训，所以介绍的线上培训也是指职场线上培训。线上培训可以是有培训师参与的形式，也可以是视频动画或 3D 体验等不需要培训师参与的形式。因为本书是一本培训师养成手册，所以仅介绍有培训师参与的线上培训。有培训师参与的线上培训又分为录播和直播两种形式，由于录播课程无须互动且可以剪辑，而且一般新手培训师不常有制作录播课的机会，所以本书仅针对直播形式的线上培训展开讨论。

线上培训的利与弊

相较于传统的线下培训，线上培训有独特的优势：

一是不受空间容量限制，理论上听课人数没有上限；

二是不受地理位置限制，节约了培训师和学员的通勤成本或差旅成本；

三是不受场地座位影响，学员都能以舒服的姿势正对屏幕。

不过，线上培训也有明显的劣势：

一是培训师难以及时了解学员的听课状况；

二是线下培训的互动环节难以完全复制；

三是学员之间难以建立联系；

四是对学员自制力的要求较高；

五是需要借助直播软件并依赖于网络信号的稳定性。

线上培训与线下培训的区别

在课程设计和培训交付的过程中，线上培训和线下培训有哪些区别呢？

● 课程设计方面的区别

线上培训和线下培训的课程设计整体区别不大，差异较大的只是"完善内容"这一步。选择教学方法时，线上培训会有不同考虑。理论讲授、视频演示、操作演示、案例分析、自我测评这几种互动性相对较弱的教学方法，在线上培训中完全可以像在线下培训中一样使用。下面主要介绍线上培训与线下培训差别较大的几种教学方法。

· 学员互动

线上培训完全可以实现学员互动，只需将互动形式稍作调整。以"提问"这种最常见的互动形式为例，线下培训时可以请学员自愿举手发言，或者邀请某位学员回答；而线上培训时，简单的问题可以请学员将答案写在聊天框里，复杂的问题则可以通过指定学员连麦或解除静音的方式来回答。

建议线上培训时增加提问的频率并在开场的"期望管理"部分告知学员，这样可以提高学员的参与度，也可以督促学员在培训师看不见的情况下还能认真听讲。

有些互动形式比提问复杂，比如在工作坊式培训中，培训师需要现场收集学员的想法，并在白板上罗列和整理，最终输出一版大家认可的结果。这种互动形式也可以在线上培训中再现，只需用幻灯片替代白板、用文本框替代便利贴。

线上学员互动如图 11-1 所示，培训师一边请学员连麦回答问题，一边通过共享屏幕在幻灯片上对回答的内容进行整理。这样不仅可以实现和线下培训一样的效果，而且打字速度通常比写字更快，还可以节省互动环节的时间。

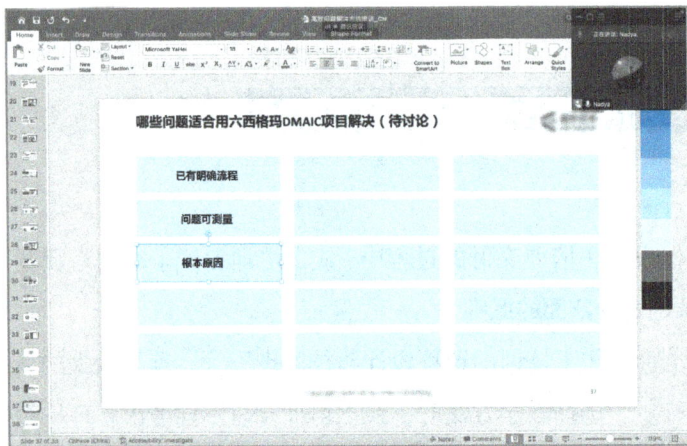

图 11-1　线上学员互动

· 小组讨论

成熟的线上培训软件几乎都有分组功能，在线上也可以实现小组讨论。线下培训和线上培训分组的区别在于，线下培训可以规定人数后请学员自行分组，而线上培训的分组则需要培训师（或其他管理员）来操作，这需要操作者提前熟悉操作方式，并在分组前告诉学员规则。在讨论过程中，培训师（在其他管理员的帮助下）可以自由进出各组聊天室，了解学员们的讨论情况，必要时给予提示和引导。

· 小组练习

在分组功能的基础上，只需将练习形式稍作调整，就可以在线上实现大部分小组练习。比如，第 8 章"建立学员之间的联系案例二"中提到的用于破冰的小组练习，将其安排在线上培训中也是可行的。

首先，培训师可以通过线上培训软件的分组功能将学员两两分组，然后将电子文档发给各组的 A 角色，或者发到学员聊天框里，并提示只有 A 可以看。接下来，所有 B 角色在各组内根据 A 的描述，用 PPT 或其他绘图软件将图案画下来，或者用纸和笔画好后拍照。最后，培训师请几个小组将本组绘制的图案通过共享屏幕的方式展示给所有人，或者学员将图案发到聊天框里，由培训师选择其中几幅进行展示。这个过程完全可以实现和线下小组练习一样的效果。

·情景模拟

如果使用情景模拟的教学方法，原本针对线下培训的设计则会受到较大限制，因此需要将模拟游戏做大幅调整。这就需要培训师思考哪些活动可以在线上完成，哪些活动无法在线上完成。比如，前文提到的 SkyPro 这一情景模拟游戏就很难在线上进行，因为游戏中纸飞机的制造过程涉及实体物料在不同角色之间的传输，这是无法在线上完成的。那么，怎么调整这个游戏才能在线上实现相同的情景模拟效果呢？

其实，所有不需要实体物料传递的活动，理论上都可以在线上完成。所以，只需把纸飞机的制造过程从线下的折实体纸飞机变成用 PPT 或其他绘图软件画纸飞机就行了。当然，游戏中设置的障碍也需要随着流程的变化而进行相应调整。这样看来，线上培训时进行情景模拟的限制似乎也没那么大。

● 培训交付方面的区别

线上培训和线下培训的培训交付区别比较明显。下面按照培训交付四要素逐一介绍。

·要素一：课前准备

在培训交付四要素中，课前准备是线上培训和线下培训最大的区别。

首先，检查培训物料。 线上培训需要准备的物料比线下培训少，很多时候只有培训课件，因此检查培训物料这一步就轻松多了。

其次，准备培训场地和设备。先说场地。虽然传统的教室在线上培训中不再使用，但培训师仍然需要找一个安静、明亮、整洁的工作环境来完成线上培训交付，确保自己在授课时不受干扰，出镜时也能呈现足够的专业度。如果出于某种特殊原因无法保证环境整洁，培训师可以使用线上培训软件自带的"虚拟背景"功能，选择自己喜欢的虚拟背景。

再说设备。线上培训对设备调试的要求更高，需要确保计算机可以正常使用并已正确连接电源线，还要确保网络连接正常。建议大家即使在 Wi-Fi 环境下也要打开手机"热点"，并将手机接通电源，确保在网络出现故障时可以随时切换网络。此外，要安装并测试线上培训软件。不同的培训组织方可能使用不同的软件，培训师应在培训开始前确保已经安装了相应软件并可以正常使用。

再次，熟悉线上培训软件的功能。市面上常见的线上培训软件几乎都可以满足常规培训的需求，具备虚拟背景、共享课件、聊天框、分组等功能，但不同软件相似功能的操作方式存在细微差异，培训师应在培训开始前熟悉所用软件的功能和操作方式，避免授课时出现问题。

关于第二、三点中提到的线上培训软件的具体介绍，会在下文呈现。

最后，培训师着装的要求也有细微差别。如果线上培训需要培训师出镜，一般只会呈现胸口以上的部分，培训师只需注意这部分形象就行了。但由于线上培训的特殊性，除了对培训师着装有要求以外，还有其他细节需要注意。

一方面，由于通常不需要走动，培训师身后的背景往往是固定不变的，即使使用虚拟背景也是如此，所以要考虑到着装颜色与背景颜色的和谐：既要避免反差太大，比如红衣服配绿背景这样冲击力太大的视觉效果可能就会分散学员的注意力；也要避免衣服颜色和背景颜色过于接近，这样培训师就会和背景"融为一体"，看起来很奇怪。建议培训师选择纯色墙壁或整齐的书架作为背景，穿和背景颜色为相近色系但颜色不同的上衣。

另一方面，线上培训把学员和培训师的距离从线下的几米甚至十几米拉近到 30 厘米左右——从学员眼睛到计算机屏幕的距离，培训师的面部也因此被放大。为了给学员留下好印象，建议培训师在出镜前要先整理一下面部形象，女士可以适当化妆，男士则做好面部清洁。

·要素二：培训开场

线上培训和线下培训的开场差别不是很大，"培训师自我介绍"这部分几乎不受影响，但破冰设计的形式受到一定制约。第 8 章 "建立学员之间的联系案例一" 中提到的学员自我介绍式的破冰形式几乎不受影响，而 "建立学员之间的联系案例二" 中提到的用于破冰的小组练习，则需要进行形式上的调整。前文已经做了详细说明，这里不再赘述。

"期望管理" 这部分的形式不受影响，但在内容上不仅要管理学员对培训内容的预期，还要专门对线上培训这种培训方式做出说明，让学员对其与传统的线下培训的区别有所了解。

·要素三：培训控场

相较于传统的线下培训，线上培训对培训控场的要求有所不同。一方面，线下培训关于控场的要求，即调整培训师心态、呈现专业表达、留下美好印象、有效学员互动、应对尴尬情景，在线上培训中也都要做到；另一方面，在调整培训师心态、呈现专业表达和应对尴尬情景这三个方面，线上培训有着独特的要求。

首先，关于调整培训师心态。除了和线下培训时一样要摆正培训师心态，认识到 "我并不需要打败学员" 以外，培训师在交付线上培训时，还要适应 "看不见学员，无法从学员的表情得到反馈" 这一变化。此外，对于需要出镜的情况，培训师还要克服 "镜头恐惧"。线下培训时看到学员的表情，培训师就知道其听课状态和情绪，随时调整讲课的节奏；而线上培训时，因为一直是自己对着屏幕讲话，可能看不到学员的反应，培训师会心里没底，有时甚至不确定自己是否还在线。

那么，如何应对这一变化呢？一方面，对着计算机屏幕时想象学员听课的画面，假装自己在面向学员讲课，这对刚刚开始进行线上授课的培训师很有帮助。另一方面，利用线上培训软件的即时聊天功能，主动获得学员的反馈。

例如，培训开始前想确认网络连接是否正常，培训师可以说"能正常看到课件的学员请在聊天框中输入数字'1'"，如果看到一连串"1"，就知道网络连接没问题。

再如，讲解一个概念后想确认学员是否理解了，培训师可以说"已经理解这个概念的学员请在聊天框中输入数字'1'，有问题的学员请直接输入自己的问题"。如果看到问题，培训师就要及时解答学员的疑问，看到一连串"1"则可以继续往下讲。

又如，讲了一段时间后想知道是否需要中场休息，培训师可以说"需要休息的学员请在聊天框中输入数字'1'，想继续的学员请输入数字'2'"，这样就可以根据"1"和"2"的比例知道是否应该休息。

这样操作既可以获得真实的反馈，又可以节省时间。当培训师逐渐适应这样的线上反馈方式后，就不会心里没底了。至于出镜带来的困扰，则是因人而异，有的人没有这种困扰，而有的人一对着镜头就紧张。后者可以把自己对着镜头讲话的样子录下来反复观看，适应了自己在镜头里的形象后，"镜头恐惧"就会随之淡去。

其次，关于呈现专业表达。前文针对线下培训介绍了"VIBE"这一呈现专业表达的原则，该原则在线上培训中同样适用，但存在细微差别。

V（声音）：线上培训对语速和语调这两点的要求和线下培训一致，而对音量这一点的要求则稍有差异。在线下培训中，培训师讲课时音量需要稍大些，以确保后排学员也能听清楚；而在线上培训中则不存在这个问题，学员听到的音量可以自行调节，培训师保持音量适中即可。

I（信息）：线上培训对信息的逻辑性和切题性的要求和线下培训一致，而对恰当性的要求则更高。由于线上培训存在录屏的可能，培训师应该更加注意自己的言辞，避免不恰当的言论让人感到被冒犯。

B（肢体语言）：线上培训对手势的要求和线下培训一致，而对站姿和眼神交流的要求则不同。

E（情绪状态）：线上培训对自信和热情的要求和线下培训一致，至于贴心，则有不同的表现方式。培训师不需要准备水和茶食，但要时常和学员互动，并及时关注聊天框中学员反馈的信息，以便及时处理。

最后，关于应对尴尬情景。线上培训中常见的尴尬情景和线下培训略有区别。好消息是，线下培训的六个常见尴尬情景中有两个在线上培训时不会发生：

一是"学员走神犯困"的情景，线上培训师看不到学员，学员也互相看不到，即使偶尔有人打瞌睡，也不会影响到其他人。

二是"讨论停不下来"的情景，分组讨论的聊天室有定时功能，到了设置的时间会自动解散，即使学员想延长讨论时间，也会被迫终止。

不过，线上培训会有其他尴尬情景发生。

一是技术故障，比如网络连接故障、培训软件无法登录、功能无法实现等。这样的问题一旦发生，不仅会让培训师感到尴尬，还可能使培训被迫中断。因此，培训师要尽量通过充足的课前准备，从源头上杜绝其发生的可能性。线上培训的课前准备请参考前文相关内容。

二是学员"挂机"现象，指学员的账号在线，但其实人不在计算机前，请他回答问题时发现无人应答。这样的情况一旦发生，会影响其他正常听课学员的积极性。为了杜绝这种情况，培训师在开场进行期望管理时可以先说明培训中会向学员提问，减少学员"挂机"的概率；提问时可以优先选择最近一次收集反馈时积极回复的学员，降低选到"挂机"学员的可能性。

·要素四：结尾与跟进

线上培训和线下培训的结尾与跟进差别不是很大，只需把线下培训使用的纸质材料变成电子材料就行了。比如，在培训结尾进行效果验收时，随堂考试是一种常见的方式，线下培训往往使用纸质试卷，而线上培训则可以采用线上测试。一些定制化的线上培训系统会自带线上测试功能，但一般有一定的开发成本或使用成本。这里主要介绍两种免费又好用的线上测试小工具。

第一种是以问卷星为代表的线上问卷调查平台。这种平台都有线上测试功能，培训师可以提前编辑好试卷（如图 11-2 所示），随堂考试时将图 11-3 所示的问卷链接或二维码发送给学员。学员提交试卷后，培训师随即可以从后台看到答题结果的数据。

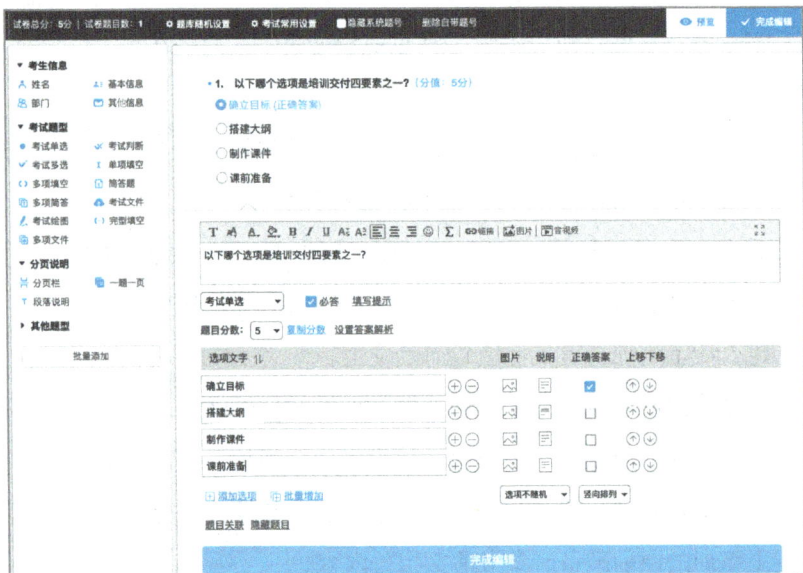

图 11-2　使用问卷星编辑随堂考试试卷

图 11-3　使用问卷星发送随堂考试试卷

第二种是以 Kahoot! 为代表的游戏式课堂互动平台。和问卷星类似，在使用 Kahoot! 时，培训师也需要提前编辑好试卷，随堂考试时将链接或二维码发送给学员，学员输入密码即可参加考试。二者的主要区别在于，Kahoot! 的互动性更强。

　　编辑试卷时，培训师可以根据每道题的难度设定答题时限和分值类型（如图 11-4 所示），学员必须在规定时间内选出正确答案才能得分。答题时，学员会在培训师的大屏幕上看到题目和选项，在自己的设备上看到与选项对应的不同颜色的图形（如图 11-5 所示）。

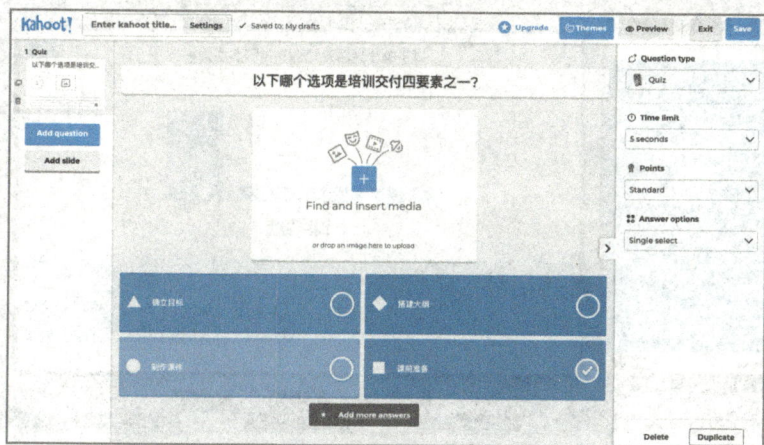

图 11-4　使用 Kahoot! 编辑随堂考试试卷

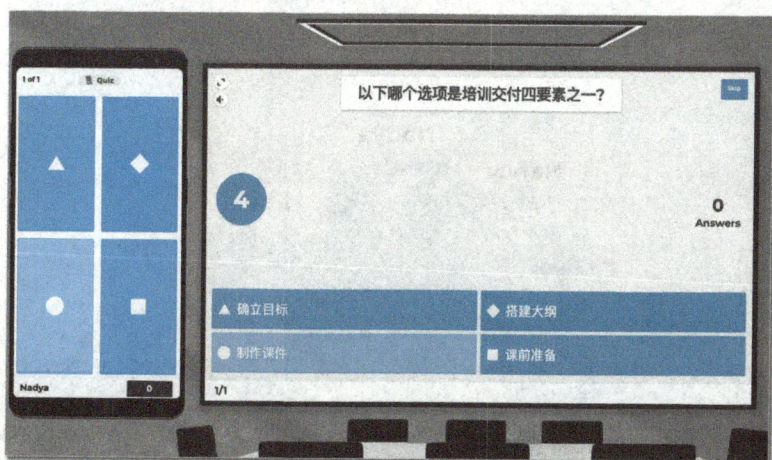

图 11-5　使用 Kahoot! 答题

每道题的答题时间结束后，培训师的大屏幕上会显示该题的正确答案和学员们的选择分布（如图 11-6 所示），还能看到学员答题结果的实时排名。在答题全部结束后，则可以看到本次考试总排名（如图 11-7 所示）。这样带有比赛性质的考试安排可以有效提高学员参与的积极性和听课的专注度，在一定程度上弥补了线上培训互动性不强的不足。

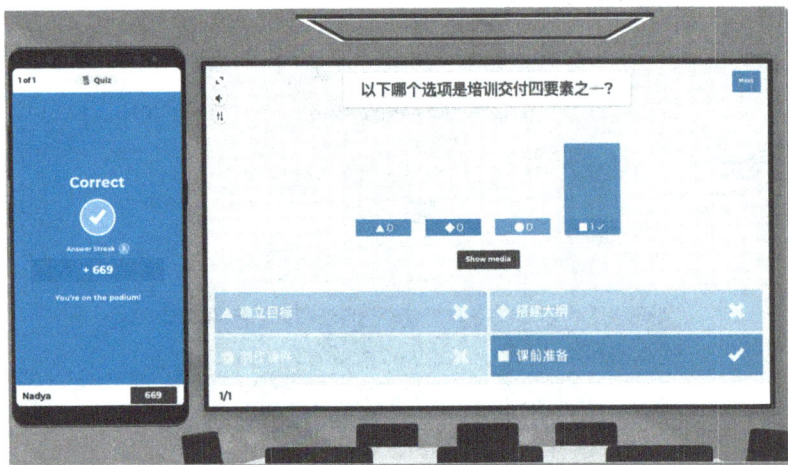

图 11-6　答题结果展示

图 11-7　考试总排名

　　这两种类型的平台不仅可以使线上培训获得和线下培训一样的随堂考试效果，而且参与方式更灵活，学员既可以通过 PC 端参与，也可以通过手机端参与，同时还节省了培训师批改试卷和统计结果的时间，因此在线下培训中推荐大家使用。

线上培训前景如何

　　看到这里，相信读者朋友们已经发现，无论是课程设计还是培训交付，线上培训和传统的线下培训并没有本质不同。培训师完全可以通过发挥自己的想象力和创造力，并借助线上培训软件和其他线上技术手段，使线上培训实现和线下培训一样的效果，甚至给学员带来更多便利。

　　诚然，目前线上培训还无法满足人们由传统的线下培训培养出的对多感官互动体验的需求，但我相信这是可以解决的问题。一方面，随着技术的进步，未来会有硬件和软件的结合，更逼真地模拟甚至实现学员与培训师在同一空间的多感官互动；另一方面，随着人们对线上培训的适应，也会质疑这种多感官的互动体验对培训效果来说是否必要，从而慢慢降低甚至放弃这方面的需求。

　　线上培训的效果与需求是相辅相成、相互促进的。如图 11-8 所示，成本较低和灵活性较强的优势刺激了线上培训的需求，而这一需求将促使线上培训提升培训效果；培训师的教研投入、先进技术的应用和学员的逐渐适应将使线上培训效果变得更好，接近甚至超越传统的线下培训，而这样的培训效果又会带来更多的线上培训需求。这一良性循环长期作用下去，势必带来这样的结果：线上培训需求越来越多，线上培训效果也越来越好。

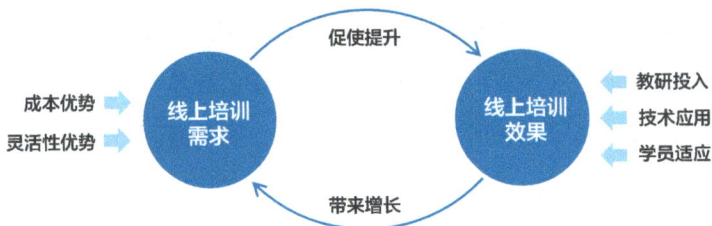

图 11-8　线上培训的良性循环

很多培训师（包括我在内）一开始不得不从线下培训转为线上培训时，都认为线上培训无法完全实现线下培训的效果，也就无法取代线下培训。然而，随着越来越多的培训课程转到线上，为了保证线上培训效果而做了各种尝试后，人们逐渐意识到制约线上培训效果的并不是这种新形式本身的局限，而是学员和培训师的惯性思维及其对舒适圈的留恋。

线上培训可以实现与线下培训同等甚至更好的培训效果，但这需要培训师发挥想象力和创造力，投入大量时间和精力，以及拥有拥抱变化的勇气，这并不容易。然而，一旦线上培训可以实现同样的培训效果，同时兼具低成本的优势，势必取代传统的线下培训，成为主流的培训方式。这样的变化不知何时到来，但作为培训师，我们现在就要做好准备，只有改变才能不"被改变"。

值得关注的四个话题

1. 兼容的培训内容

前文提到线上培训势必取代传统的线下培训，将成为主流的培训方式，但在这一天到来之前的很长一段时间里，二者将处于同时存在、互相补充的状态。对培训师而言，同一门培训课程可能随时会遇到线上交付需求和线下交付需求交替出现的情况。

为了应对这种情况，培训师需要开发具有兼容性的培训内容，同时适用于线下培训和线上培训。至于成熟的线下培训课程，则需要先识别需要调整的模块（比如小组互动、情景模拟等），然后将其更新成线上和线下均可使用的设计，或者准备线上和线下两个不同的版本。

2. 多样的培训工具

前文提到的所有功能的操作都需要借助线上培训软件才能实现，因此熟悉软件是保证线上培训效果的基本要求。常见的线上培训软件可分为三类。第一类是通用的线上会议软件，典型代表有腾讯会议、企业微信、钉钉、Teams、Zoom 等。它们并不是专门为培训设计的，但也具备满足线上培训所需的常用功能。第二类是线上培训专用工具，典型代表有小鹅通、荔枝微课、千聊、短书等。它们是专门为线上知识付费需求而设计的，兼具平台功能。第三类是企业内部定制的员工学习平台。

针对前两类的代表性软件——腾讯会议和小鹅通，本书附上从二者官网获取培训相关功能介绍的路径，供各位读者参考。

● **线上会议软件代表——腾讯会议**

步骤一：点击首页菜单栏的"帮助中心"，在下拉菜单中选择"使用指南"，如图 11-9 所示。

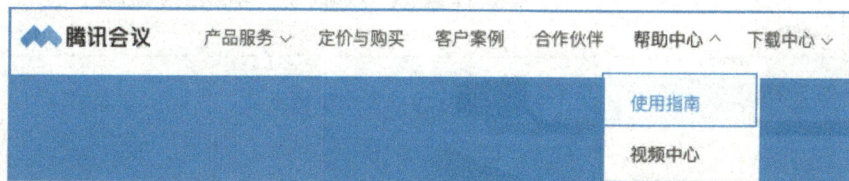

图 11-9 腾讯会议使用步骤一

步骤二：点击"使用手册"中的"协作与互动"选项，如图 11-10 所示。

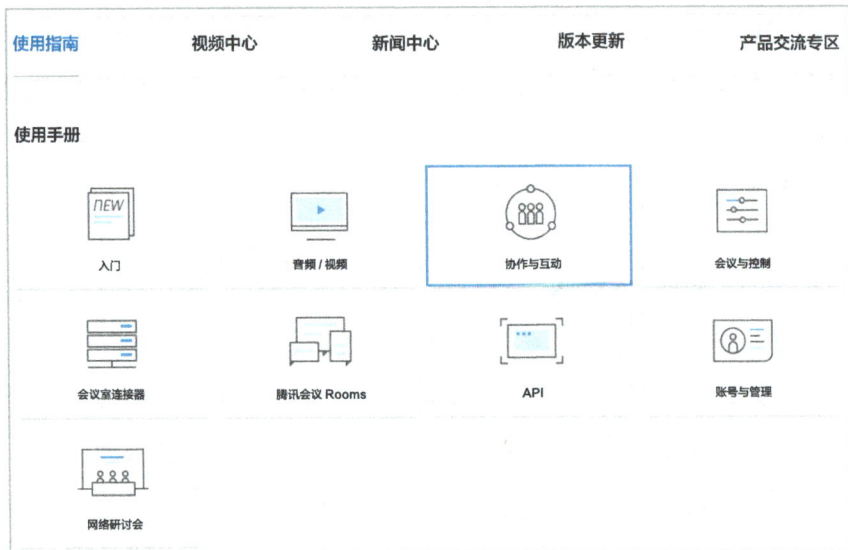

图 11-10　腾讯会议使用步骤二

步骤三：根据左侧目录的提示了解相关功能，如图 11-11 所示。

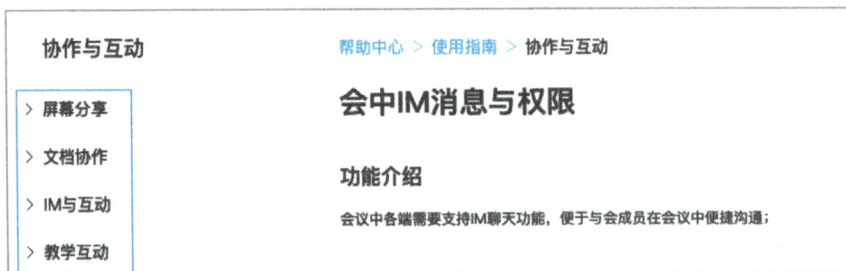

图 11-11　腾讯会议使用步骤三

● **知识付费工具软件代表——小鹅通**

步骤一：点击首页菜单栏的"关于我们"，在下拉菜单中选择"帮助中心"，如图 11-12 所示。

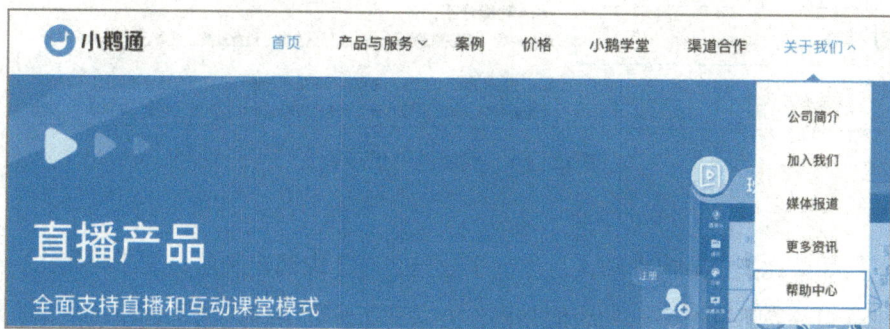

图 11-12　小鹅通使用步骤一

步骤二：点击"常见问题"页面的"视频直播创建使用教程"选项，如图 11-13 所示。

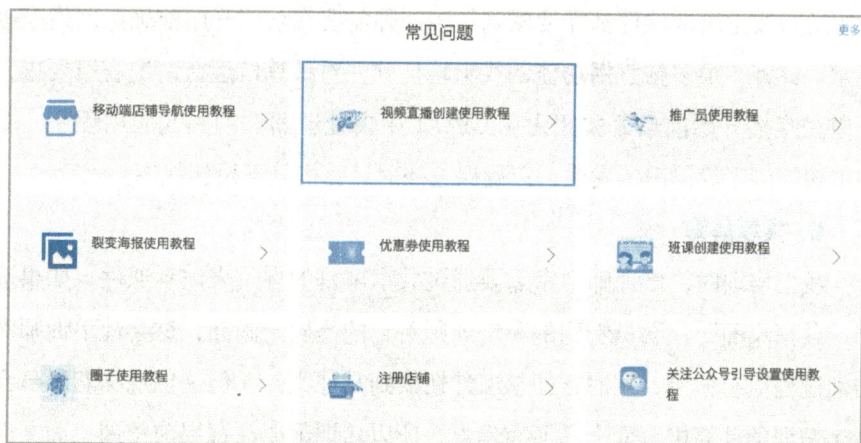

图 11-13　小鹅通使用步骤二

步骤三：从左侧目录中"直播"项下拉菜单了解相关功能，如图 11-14 所示。

图 11-14　小鹅通使用步骤三

　　如果你是企业内训师，且你的企业已经有了内部定制的员工学习平台，那你只需熟悉这个平台的功能和操作方法即可。如果你是某培训机构的培训师，或者有线上培训交付需求，在服务不同客户时可能会使用不同的软件，抑或你是企业内训师，但所在企业还没有员工学习平台，那你需要对常见的线上培训软件都有所了解，才能有备无患。

　　无论使用哪种线上培训软件，培训师都应注意以下细节：

● 检查网络连接和计算机运行状态

　　所有线上培训软件都需要联网，培训师需要在培训开始前确保网络连接正常。此外，很多带直播功能的线上培训软件对计算机运行情况有所要求，所以在直播开始前最好关闭占用 CPU（中央处理器）的其他应用程序，避免卡顿、闪退等情况的发生，以确保直播时计算机处于最佳状态。

● 共享屏幕

　　线上培训时，培训师常常需要通过共享屏幕的方式来演示课件。如果选择"共享桌面"，学员看到的和培训师看到的是同一画面，这会让培训师对培训过程更有把握，同时方便从课件切换到其他文件。但这也意味着学员会看到培训师计算机桌面上的所有信息，所以培训师要注意提前整理桌面文件夹并关闭其他应用，避免个人信息泄露或者在培训过程中弹出其他信息干扰学员。如果选择"共享窗口"或"共享课件"，就可以避免这种风险，但切换文件时不太方便。

● **习惯使用虚拟激光笔**

线下培训时，培训师可以用指读棒、手势或激光笔来引导学员的视线在课件上移动；线上培训时，也可以在 PPT 放映模式下的页面左下角找到"虚拟激光笔"选项，实现同样的效果。如果不使用激光笔，一旦某页幻灯片需要同时呈现较多内容，学员很快就会因为不知道该看哪儿而走神，回过神来就不知道培训师讲到哪儿了。因此，培训师在线上培训时要养成使用虚拟激光笔的习惯。

● **帮助学员熟悉培训工具**

很多学员可能在工作中使用过线上会议软件，但对线上培训所需的特殊功能并不熟悉。培训师除了要熟悉这些功能的操作以外，还应该在培训开场时给学员简单介绍本场培训会用到的操作，比如"聊天框""举手""连麦""分组"等，让学员做好心理准备，尽量减少误操作的可能性，避免无谓的时间浪费。

3. 线上培训的价值

关于线上培训，有一个普遍存在的行业现象是，无论是学员还是企业采购方，都认为线上培训的价值低于传统的线下培训。即使是同一位培训师交付的同样主题、同样时长的培训，一旦从线下搬到线上，人们往往会认为这次培训的价值降低了。这种认知对线上培训的发展有着不容忽视的影响。

一方面，价值认可度变低意味着学员愿意为同样一门培训课程支付的价格降低了，对培训机构和自由培训师来说，就直接影响了单场培训的收入；另一方面，这也意味着学员愿意为同样一门培训课程投入的精力少了，即使是收入不受影响的企业内训师，也会担心学员上课时的专注度是否会降低。这显然会打击培训机构和培训师设计线上课程的积极性，也会影响培训效果，从而制约线上培训的发展。

那么，线上培训的价值是否真的被低估了？

对线上培训的低价值认知主要来源于两个假设：一是线上培训效果不佳，二是线上培训成本更低。

由于很多培训机构和培训师对线上课程的优化还不彻底，第一个假设在现阶段是存在的。然而，正如前文所述，通过发挥培训师的想象力和创造力，以及使用线上培训软件和其他技术手段，线上培训完全可以实现和线下培训一样的效果，甚至给学员和培训师带来更多便利。因此，从长期来看，这个假设并不成立。

再来看第二个假设。首先，线上培训的形式的确降低了培训师的差旅成本，然而，为了实现同等培训效果而需要一次性投入的课程设计与优化成本却是相当可观的，从短期来看，或者在需求场次不多的情况下，单场培训的成本并不低。其次，即使从长期来看，或者在需求场次较多的情况下，单场培训的成本的确降低了，但这并不意味着线上培训的价值也降低了。价值并不由成本决定，而是由供需关系决定的。在线下培训转为线上培训的过程中，学员对同一培训主题的需求并没有变少，而培训师的供给也没有变多，第二个假设也是不成立的。

综上所述，如果可以实现和线下培训一样的效果，即使线上培训的成本降低了，其价值也是相当的。有了这样的市场环境，培训机构和培训师才更有积极性去实现课程优化，推出越来越多效果更好的线上课程。当高质量的线上课程多了以后，其价格才能因为供给的增多而慢慢降下来。这才是我们希望看到的良性循环。

4. 课程版权的保护

每一门成熟的培训课程，从最初的需求提出到完成设计，再到成功交付，都融入了培训师的心血。课程版权一旦受到侵害，会给培训师带来极大伤害。由于线上培训的独特优势，一场培训的参加人数往往比线下培训的学员多，有时还会发生学员截屏、录屏的情况，这就给课程版权保护带来一定威胁。

那么，培训师如何在线上培训中最大限度地保护课程版权呢？以下建议供各位读者参考：

一是在培训开场时强调版权保护的要求，比如禁止截屏、录屏等。大多数学员并没有恶意，截屏、录屏往往只是想方便课后复习，培训师的要求可以大大减少这种情况的发生。同时，培训师可以提供加了水印的压缩版课件供学员课后复习。

二是使用线上培训软件的防盗录功能。部分线上培训软件自带防盗录功能，开启后无法截屏、录屏，这从根本上杜绝了恶意盗录的发生。

三是在培训课件加上版权声明水印。如果该场培训使用的线上培训软件没有防盗录功能，那么可以在培训课件的母版加上版权声明水印，比如"课程版权归 ×× 所有，侵权必究"。当然，这样的处理需要提前与客户、合作方甚至学员沟通。

四是完成课程版权登记。培训师即使在授课过程中已经做了相应的保护措施，仍然无法完全避免版权受到侵害。为了在处理版权争议时有据可依，培训师还要在中国版权保护中心官网完成课程版权登记。

在保护自己课程版权的同时，我也希望各位读者能从自身做起，尊重他人版权，为营造良好的知识产权环境贡献一份力量。

总结

第 12 章

全书概要

我们将进入本书第 12 章，也是本书的最后一章。

在本章，我们将回顾与总结本书的内容。本书主要按照课程设计和培训交付这两部分内容展开，分为"上篇：课程设计五部曲"和"下篇：培训交付四要素"，并针对线上培训补充了"特别篇"。

● **上篇：课程设计五部曲**

"上篇"包括确立目标、搭建大纲、完善内容、制作课件和持续改进五个步骤，每个步骤又包含更丰富的内容。

· **步骤一：确立目标**

该步骤包括调查培训背景、了解培训对象、确定培训主题、设立培训目标四部分内容。

· **步骤二：搭建大纲**

该步骤包括明确课程结构、建立主体思路、确定素材来源、制作培训大纲四部分内容。其中，"制作培训大纲"部分重点介绍了课程五线谱。

· **步骤三：完善内容**

这部分首先介绍理论讲授、视频演示、操作演示、案例分析、自我测评、学员互动、小组讨论、小组练习和情景模拟九种教学方法，将其按照"培训信息密度"和"学员活跃程度"这两个维度进行排序，然后对每种教学方法进行介绍，最后对情景模拟这种特殊的教学方法进行深入探讨。

· **步骤四：制作课件**

这部分首先介绍培训课件的基本制作原则，然后介绍母版、色卡和快捷键的使用技巧，最后介绍其他几种常见的授课工具。

· 步骤五：持续改进

这部分介绍了新课试讲与验收的整个流程，以及培训师在长期授课过程中如何持续改进。

● 下篇：培训交付四要素

"下篇"包括课前准备、培训开场、培训控场、结尾与跟进四个要素，每个要素又包含更丰富的内容。

· 要素一：课前准备

首先，这部分介绍了"培训包"，也就是培训前要准备的所有物料。然后，再次提到要了解培训对象，并介绍了如何布置教室以及需要调试哪些设备。关于教室的布置，书中介绍了六种常见的培训教室布局，培训师应根据实际需要选择合适的布局。最后是对培训师着装的建议，介绍了四种常见的职场着装：商务正装、商务职业装、商务休闲装和休闲装。其中，前三种都是适合培训师选择的着装。

· 要素二：培训开场

这部分主要介绍了学员与三个对象之间建立联系的过程，分别是通过培训师的自我介绍建立学员与培训师的联系，通过破冰设计建立学员之间的联系，通过期望管理建立学员与课程之间的联系。

· 要素三：培训控场

这部分主要包括以下内容：

一是调整培训师心态。培训师应持"不是要战胜学员，而是要帮助学员实现个人成长"的心态。

二是呈现专业表达。这部分介绍了 VIBE 原则，从声音、信息、肢体语言和情绪状态四个方面介绍了应该如何呈现专业表达。

三是留下美好印象。这部分介绍了认知过程以及容易出现的四种认知陷阱。培训师应积极利用这四种认识陷阱，给学员留下良好的印象。

四是有效学员互动。在与学员互动的过程中，培训师需要遵循一些基本原则，其中着重介绍了很有意思的"汉堡"准则。

五是应对尴尬情景的"六脉神剑"。这部分介绍了面对培训中常见的六种尴尬情景时，培训师最恰当的做法。

·要素四：结尾与跟进

这部分简单介绍了培训师在培训收尾时需要完成的工作和注意事项、如何收集培训反馈以及长期追踪培训成果的方法。

● 特别篇：线上培训

"特别篇"介绍了线上培训的利与弊、线上培训与线下培训的区别、线上培训的前景以及值得关注的四个话题。

以上就是本书的全部内容。最后给大家三个建议，希望能对大家的培训工作有所帮助。

建议一：持续精进专业技能。

虽然这不在本书讨论范围内，但大家必须清楚地意识到：具备扎实的理论知识和实操经验是成为一名优秀培训师的基础，否则，再丰富的课程安排、再娴熟的授课技巧都是空中楼阁。因此，在学会如何专业地设计和交付培训课程后，大家不要忘记持续精进专业技能、丰富实操经验，才能让自己在激烈的竞争中立于不败之地。

建议二：不断反思培训效果。

很可能通过本书的帮助，再加上个人精心的准备，大家的培训课程前期交付效果还不错，但也不要被前期的成功所麻痹。因为大环境是不断变化的，学员的需求也在不断变化，大家需要不断反思，认真对待同事的建议和学员的反馈，真正为了提升培训效果而实现持续改进，而不只是把"持续改进"作为培训中的一个步骤来完成。

建议三：始终保持热爱。

即使培训师需要具备很多种能力，是大家公认的难度很高的工作，但我始终坚信，只要经过刻苦学习和大量操练，每个人都可以成为培训师。但这有一个必不可少的前提，那就是要始终保持热爱。这里说的"热爱"，不是指爱站在聚光灯下成为众人的焦点，而是指爱帮助他人、赋能他人，看到学员成长和提高时可以获得发自内心的成就感。这种热爱并不能通过阅读一本书或学习一门课程获得，而是源于自己的内在动机。如果说持续精进专业技能和不断反思培训效果决定了一个人在培训道路上可以达到的高度，那么始终保持热爱则决定其可以走多远。

　　只要真正掌握了本书的内容，并在实践中长期遵循以上三个建议，想成为一名优秀培训师并不难。最后，我衷心祝愿各位读者可以如愿成为一名优秀培训师。